40,00

O FOCO DEFINE A SORTE

DULCE MAGALHÃES Ph.D.

O FOCO
DEFINE A
SORTE

**A FORMA COMO ENXERGAMOS
O MUNDO FAZ O MUNDO QUE
ENXERGAMOS**

Integrare

EDITORA

Copyright © 2011 Dulce Magalhães
Copyright © 2011 Integrare Editora e Livraria Ltda.

Todos os direitos reservados, incluindo o de reprodução sob quaisquer meios, que não pode ser realizada sem autorização por escrito da editora, exceto em caso de trechos breves citados em resenhas literárias.

Publisher
Maurício Machado

Supervisora editorial
Luciana M. Tiba

Assistente editorial
Deborah Mattos

Produção editorial e diagramação
Crayon Editorial

Preparação de texto
Fernanda Marão

Revisão
Bárbara Borges
Marisa Rosa Teixeira

Capa e projeto gráfico
Alberto Mateus

Dados Internacionais de Catalogação na Publicação (CIP)
(Câmara Brasileira do Livro, SP, Brasil)

Magalhães, Dulce
O foco define a sorte : a forma como enxergamos o mundo faz o mundo que enxergamos / Dulce Magalhães. – São Paulo : Integrare Editora, 2011.

Bibliografia.
ISBN 978-85-99362-69-3

1. Conduta 2. Decisões 3. Metas (Psicologia) 4. Mudanças de vida 5. Organização 6. Percepção 7. Planejamento 8. Realização pessoal 9. Sorte 10. Sucesso I. Título.

11-08578   CDD-158.1

Índices para catálogo sistemático:

1. Foco nas escolhas e decisões :
Planejamento pessoal : Psicologia   158.1

Todos os direitos reservados à INTEGRARE EDITORA E LIVRARIA LTDA.
Av. Nove de Julho, 5.519, conj. 22
CEP 01407-200 - São Paulo - SP - Brasil
Tel. (55) (11) 3562-8590
Visite nosso site: www.integrareeditora.com.br

SUMÁRIO

APRESENTAÇÃO **7**

PREFÁCIO **9**

SORTE **12**

ESCOLHAS CRIAM REALIDADES **16**

O PRINCÍPIO **18**

PARADIGMAS LIMITANTES OU LIBERTADORES **24**

NÃO DÁ PARA MUDAR SEM MUDAR **38**

ESCOLHAS E DECISÕES **52**

ENTRE A PRESSA E A PERFEIÇÃO **60**

VIVENDO A IMPERMANÊNCIA **66**

TRANSCENDENDO AS ILUSÕES **72**

APRENDA A DUVIDAR **82**

FOCO TODO SANTO DIA **86**

FLUINDO COM A VIDA **92**

DESISTIR PARA SEGUIR EM FRENTE **108**

A ESSÊNCIA DA MUDANÇA **124**

REVISÕES **130**

GRAÇAS E MÉRITOS **140**

PLANEJANDO PARA SEGUIR O FLUXO **146**

SUAS CRENÇAS DEFINEM SUAS ESCOLHAS,
SUAS ESCOLHAS SÃO SEU FOCO,
SEU FOCO DEFINE SUA SORTE **156**

APRESENTAÇÃO

A IDEIA DESTE LIVRO nasceu de uma conversa com o editor da Integrare, Maurício Machado. Conversávamos sobre como os resultados são obtidos ou não em nossas vidas e como temos tantas desculpas para explicar por que não realizamos nossos sonhos.

Ao longo dos anos, ouvindo clientes e alunos em centenas de entrevistas de *coaching*, uma das explicações mais frequentes é a falta de sorte para determinados objetivos. Por que alguma coisa não deu certo? Por que há tantos empecilhos para alguns objetivos?

Eram perguntas interessantes, mas pouco efetivas. Comecei a propor a mim mesma a seguinte pergunta: como fazer dar certo? E fiquei muito estimulada pelas respostas que fui amealhando ao longo dos últimos vinte anos. Este livro trata das respostas encontradas e das muitas novas perguntas que foram formuladas.

Como minha área de estudo são os paradigmas, ou seja, a forma como aprendemos a ver a realidade, ao estudar alguns aspectos de nossa cultura me dei conta de que todo processo de construção de nossa realidade tem a ver com determinado ângulo de visão.

O foco, a forma como enxergamos o mundo, faz o mundo que enxergamos. Foi daí que surgiu a frase na conversa com o Maurício: "O foco define a sorte". Ele logo disse: "Isso daria um bom livro". E, *voilá*, aqui estão as reflexões mais interessantes e pertinentes que consegui reunir sobre o tema, na expectativa que auxilie o seu processo de construção de resultados.

Depois de tudo, só posso lhe desejar a melhor das sortes, com a convicção absoluta que depende inteiramente de seu foco!

Todo processo de construção de nossa realidade tem a ver com determinado ângulo de visão.

SORTE NOSSA...
Mario Sergio Cortella

> *Sempre ouvi meus antepassados dizerem que aquele que não sabe aproveitar a sorte quando ela vem, não se deve queixar quando ela passa por ele*
> (Dom Quixote, Cervantes)

DULCE MAGALHÃES tem algum pendor quixotesco, não por combater moinhos de vento e acolher delírios, mas, especialmente, por não se resignar com lamúrias acomodantes quando decide confrontar certas passividades confortadoras.

E qual a principal destas passividades que ela enfrenta? Aquela que é uma das razões mais consoladoras que muita gente oferece para os percalços ou estagnações da vida e, nela, da carreira: indicar a falta de sorte como a fonte das agruras. A sorte desponta como fator mágico, fora do alcance da pessoa que, vítima de uma artimanha do destino, é atrapalhada no seu presumido caminho para o sucesso.

Dulce não aceita tal autocomiseração, seja por entender que ela desvia da origem do problema, seja por ser capaz de retardar a decisão urgente de reorientar o foco da caminhada!

Por isso, neste livro, ela consegue manufaturar macroscópica e microscopicamente lentes (em forma de reflexões e proposituras) que tiram embaçamentos e nos ajudam a polir os ângulos de visão e consciência.

O foco define a sorte! Intuição primordial do livro, pode ser resumida em uma tese crucial e circular: sabe com clareza para aonde quer ir? Então, procure e aproveite as circunstâncias que favorecem o trajeto e a chegada! Porém, voltando à partida, é preciso robustecer a clareza do foco, para que as ocasiões não sejam desperdiçadas.

Entendo bem o que Dulce quer dizer. Vindo de família de origem italiana, desde menino ouvia a advertência dos mais idosos, sempre com a voz grave das profecias: *Fortuna i forti aiuta e i timidi refiuta*, o que em tradução livre significa que "a sorte aos fortes traz ajuda e aos tímidos a recusa".

"Forte" na compreensão deles não era apenas o robusto ou o encorpado; "forte", no caso da frase admoestadora, era a pessoa que refugava a debilidade de propósitos e a frouxidão de princípios. O tímido, claro, não era somente a pessoa encabulada, mas aquela que se acanhava face às decisões necessárias e se retraía diante da contenda vital pela melhoria de si mesma.

O grego Menandro, autor de centenas de comédias na Atenas do século 4 a.C., escreveu que "até a divindade dá a mão à justa ousadia", o que influenciou os latinos a comporem uma das suas mais famosas máximas: *Audaces fortuna iuvat* (a sorte ajuda os audazes), até hoje citada.

Contudo, do teatro dos helênicos, talvez a noção mais forte que permita paralelo com nossas escolhas é a do protagonista e a do antagonista; como "agonia" no idioma grego significa "luta" ou "combate", quem lutava a favor era o protagonista e, claro, quem lutava contra, era o antagonista.

O que este livro nos ensina, e bem? Que devemos ser, de fato, protagonistas da sorte que queremos ter a partir do foco que perfilamos. Quem é o nosso maior antagonista? Não é a sorte que não vem; mas nossa falta de foco, que vez ou outra permitimos aflorar e que não a vislumbra e nem a rastreia.

Dulce partilha aqui suas ideias e percepções sobre isso. Sorte nossa...

SORTE

SORTE

A PALAVRA "SORTE" É DE ORIGEM LATINA, *sors/sortis*, e significa "fado", "destino" e "bom resultado". É interessante notar que a mesma palavra que define "destino" também significa "bom resultado". Na acepção etimológica, seja qual for o destino alcançado, ele é um bom resultado.

> Não é apenas o resultado em si que conta, mas a valoração: o sentido e o significado dados aos eventos é o que realmente os define.

Porém, nem sempre percebemos dessa forma. Há resultados que consideramos ruins, indesejáveis, malévolos ou, até, insuportáveis. Perdas são constantemente vistas como intoleráveis ou injustas; e aí começa nossa viagem pelo campo da percepção. O foco, a forma como enxergamos alguma coisa, nosso ângulo de visão, determina o resultado.

Não é apenas o resultado em si que conta, mas a valoração: o sentido e o significado dados aos eventos é o que realmente os define. Para ilustrar essa ideia, em minhas palestras criei uma pequena história sobre um homem preso em uma caixa de tijolos. Tudo o que ele via era a partir de uns tijolinhos tirados de sua frente. Ele via um pedacinho de céu, um fragmento de montanha e um pássaro que passava de vez em quando. E, quando lhe perguntavam como era o mundo, ele o descrevia dessa forma. À medida que conseguia tirar mais tijolos de sua frente e via mais coisas, sua descrição do mundo também mudava. Até que, um dia, um grande terremoto abalou toda a região onde ele morava e os tijolos foram todos ao chão. O homem olhou ao redor e viu muita coisa que nunca tinha visto antes: lagos, animais, pessoas, povoados, plantas, flores, uma infinidade de coisas. Então, ele exclamou espantado: "Como o mundo mudou!"

Não é o mundo que muda, é o nosso olhar sobre ele que precisa se transformar, pois o mundo contém todas as possibilidades de vida que existem, incluindo as que ainda vamos descobrir. Mudar de mundo, verdadeiramente, é mudar de olhar.

Perdas são vistas como intoleráveis ou injustas; e aí começa nossa viagem pelo campo da percepção.

**ESCOLHAS
CRIAM
REALIDADES**

ESCOLHAS CRIAM REALIDADES

É INTERESSANTE COMPREENDER como nomeamos as coisas para conhecer melhor seus significados. A palavra "azar", em português, é literalmente o oposto de sorte, mas em francês significa "acaso". Denominamos os jogos aleatórios como "jogos de azar" e uma das expressões de nossa língua é "deixar ao azar". Se analisarmos esses significados, veremos que, enquanto azar é aquilo que não elegemos, que deixamos acontecer ao acaso, seu oposto, a sorte, é o exercício de nossas escolhas. Quando definimos o que queremos e nos colocamos nessa trilha, estamos exercitando nossa sorte.

Sorte não é algo aleatório, casual. É fruto de um plano mestre de seguir um roteiro prévio, de estabelecer padrões e parâmetros e segui-los. Sorte é uma construção produto de nossas escolhas. Assim, vale a pena refletir um pouco sobre o assunto.

Quando definimos o que queremos e nos colocamos nessa trilha, estamos exercitando nossa sorte.

O PRINCÍPIO

O PRINCÍPIO

NO PRINCÍPIO ERA O VERBO. A palavra estruturante. O pensamento como o definidor da ação. Somos o que pensamos ser e pensamos segundo o que aprendemos. Assim, somos o produto final dos limites e dos horizontes mentais das pessoas que nos formaram.

> Vivemos, erramos, buscamos e fazemos, na maior parte de nosso tempo, de acordo com noções alheias.

Percorrendo essa trajetória da percepção de quem somos, vamos compreender que somos menos do que o nosso potencial nos permite, isso porque exploramos muito pouco desse potencial. Vivemos, erramos, buscamos e fazemos, na maior parte do tempo, de acordo com noções alheias.

Einstein dizia que o senso comum é o conjunto de preconceitos consolidados até os 18 anos de idade. É bom começarmos a refletir se aquilo que consideramos bom-senso, uma vida organizada, propósitos de sucesso, enfim, tudo o que orienta nossa ação, reprime nossos instintos e suprime nossos anseios, é mesmo algo que nos cabe.

Não seria o caso de usarmos outros filtros além dos valores herdados? O trabalho talvez não seja algo para fazer a maior parte do tempo. Diversão talvez não seja algo para fazer somente no fim de semana. Férias talvez não seja algo para ter apenas uma vez por ano. Talvez seja isso

O FOCO DEFINE A SORTE

Trocar o hoje pelo amanhã é a pior aposta que podemos fazer.

mesmo, mas só pensando sobre o que nos move é que poderemos definir com precisão para onde a nossa vida segue.

A mentalidade mais difundida é a de que a juventude é o momento de nos esforçarmos para conseguir uma velhice mais tranquila. É natural pensarmos que não dá para ficar muito tempo com os filhos porque temos de trabalhar para sustentá-los. Quem sabe seja hora de rever esses conceitos tão automáticos em nós. Fazemos porque queremos ou porque devemos?

Perdemos o prazer de preciosos anos em que a força, a energia e a vitalidade estão no auge, esperando que algum dia possamos desfrutar da tranquilidade de uma maturidade com tempo e serenidade. Porém, não há garantias de que teremos esse tempo, nem de que poderemos aproveitá-lo em plenitude. Trocar o hoje pelo amanhã é a pior aposta que podemos fazer.

Sabemos que a alegria de nossos filhos é o contato, a presença, o convívio, mas invertemos as prioridades colocando a segurança financeira, a casa maior, o carro novo, a escola particular e o tênis da moda acima do tempo despendido, da brincadeira compartilhada, de uma manhã de jogos no parque, de uma tarde no cinema. Então o buraco fundo formado por essa carência se transforma na busca de uma vida, que nada vai preencher.

Qual a sua melhor lembrança da infância? Um presente que ganhou no Natal ou algum momento mágico compartilhado com seus pais? Mova-se pelas lembranças das experiências, não pelos preconceitos que lhe incutiram.

A realidade é estruturada a partir dos valores que são repassados, muitas vezes sem consciência. Confrontar o automatismo, pensar duas vezes, rever e refazer o projeto é o desafio que nos cabe. Ouvi um avô dizendo ao netinho entusiasmado que ele falava demais, que esse era seu maior problema. Imediatamente o pequenino emudeceu e creio que aquilo deve ter calado fundo nele. Por quê? Para atender a uma conveniência de uma vida já exaurida de entusiasmo. O avô havia perdido o senso da convivência e da descoberta e transferia sua visão estreita, de forma desrespeitosa, acreditando estar com a razão.

Como sair do piloto automático? O sonho pode ser a resposta. Por meio do sonho podemos fazer a descoberta de nós mesmos. Sonhar é abrir um portal para a mudança. O que ousamos sonhar é a semente de outro modelo de mundo, mais próximo de quem realmente somos. Pensamentos, crenças, sonhos não

> O que ousamos sonhar é a semente de outro modelo de mundo, mais próximo de quem realmente somos.

são simplesmente palavras. Se olharmos para dentro do cérebro, não veremos palavras escritas, veremos uma química cerebral que organiza e orienta todo o nosso sistema.

O sonho tem uma realidade física dentro de nosso cérebro. Sendo assim, a única questão que precisamos compreender é que o sonho convoca nossa inteligência, na medida em que organiza todo o nosso sistema para agir naquela direção. Sonhar, portanto, já é mudar.

Porém, precisamos libertar o sonho que nos habita e deixá-lo nos guiar. Sair do automatismo e encontrar o caminho criativo da via exclusiva de uma vida sendo inventada a cada instante. Rever paradigmas é o primeiro passo.

Precisamos libertar o sonho que nos habita e deixá-lo nos guiar.

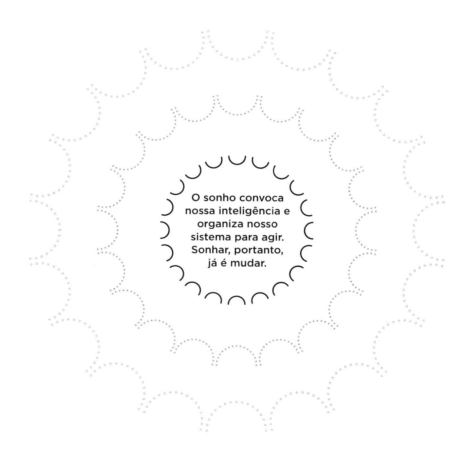

O sonho convoca nossa inteligência e organiza nosso sistema para agir. Sonhar, portanto, já é mudar.

PARADIGMAS LIMITANTES OU LIBERTADORES

PARADIGMAS LIMITANTES OU LIBERTADORES

"DE ONDE VEM ESSA CEGUEIRA eterna que nos faz lidar com o novo usando os velhos padrões?", nos pergunta Basarab Nicolescu, perplexo. O físico romeno, eleito pela Unesco como uma das vinte personalidades que mais influenciaram a educação no século XX, fala dos modelos mentais que nos incapacitam a vivenciar experiências mais plenas.

> É preciso transcender o estado do pensamento e a percepção que gerou determinada situação ou relação.

Estamos reduzindo as possibilidades de nossa vida e limitando o potencial de nossa obra pela dificuldade de nos abrirmos verdadeiramente para o amplo horizonte do novo. Os padrões que formatam nosso olhar sobre a existência também criam uma cortina de fumaça que nos ilude e confunde nossas percepções. Estamos presos na caixa de tijolos e enxergamos o mundo pela estreita fenda de nossas crenças.

Einstein, novamente, nos ensina que "não é possível resolver os problemas com o mesmo nível de consciência que os criou". É preciso transcender o estado do pensamento e a percepção que gerou determinada situação ou relação e raciocinar em um estado mais amplo e, portanto, mais cheio de possibilidades.

Alternativas são meios ou métodos novos, ainda não pensados. "Alter" quer dizer outro, algo que pode ser diferente,

O FOCO DEFINE A SORTE

mas faz parte do mesmo contexto; e "nativo", algo nato, próprio daquela experiência. Alternativas são caminhos diversos que seguem para o mesmo destino. Por vezes persistimos em um caminho cheio de dificuldades e barreiras que desaceleram ou até mesmo nos impedem de prosseguir por não sermos capazes de ver outros caminhos, trilhas ou desvios possíveis, as alternativas.

A forma como enxergamos a realidade é que a modela. Vivemos dentro dos limites de nosso olhar, de nossa percepção. Cada um de nós modelou uma lente, uma forma de ver a realidade, ou o que a ciência chama de paradigma. Essa formatação não é a verdade, é apenas um modelo pessoal da verdade. Sendo assim, precisamos estar atentos à possibilidade de ver outras formas, outros modelos de mundo.

> Se não enxergamos como agir, ao menos temos de estar dispostos a ouvir as opiniões e as sugestões.

O ditado popular diz que "o pior cego é aquele que não quer ver". Porém, acredito que o pior cego é aquele que não quer ouvir. Se não enxergamos como agir em determinado momento, ao menos temos de estar dispostos a ouvir as opiniões, as sugestões, os conselhos e as alternativas que os outros podem enxergar ou intuir para nós. Nada garante que outra percepção será uma verdade melhor, porém, a cada vez que nos abrirmos

PARADIGMAS LIMITANTES OU LIBERTADORES

para outros olhares, encontraremos uma verdade maior e, então, será possível chegar a uma condição real de transformação.

Não há perda, desafio, problema ou circunstância com a qual não possamos lidar. Tudo é possível de ser integrado a novos níveis de consciência e, dessa forma, seremos capazes de transcender o desafio sem transgredir com nossos valores e posicionamentos. Aliás, só resolveremos verdadeiramente uma questão se estivermos em alinhamento com nossa própria consciência e guiados por nossos valores mais caros.

Respeito e generosidade são as chaves do convívio harmonioso e próspero. É fundamental estar em perfeita integração com o melhor e o mais elevado sentimento e pensamento, pois é nessa faixa mais ampla que se encontram todas as soluções para os desafios que nos são colocados.

Há muitas formas, além daquela que usamos, de perceber a mesma realidade. A separação entre a causa e o efeito, entre indivíduos ou entre perspectivas é ilusória. Tudo está interligado e funcionando em uma grande e harmoniosa intenção correta. Por vezes somos incapazes de percebê-la, mas o tempo, o grande curador de todas as

> Respeito e generosidade são as chaves do convívio harmonioso e próspero.

feridas, sempre revela que nada está sem sentido e que nenhuma ação está desconectada da fonte.

É preciso transpirar uma nova realidade para poder vivenciá-la. É por isso que colocar nossos corações e mentes em uma conspiração de consciências vai criar as alternativas para uma coexistência planetária pacífica. Temos de nos articular em movimentos que façam despertar em cada um e em todos nós uma perspectiva interior, uma escolha por um modelo mais justo, inclusivo e fraterno.

Enquanto não nos posicionarmos e não fizermos a escolha, viveremos no mundo que não escolhemos nem desejamos. É sempre momento de convocação, de reunião, de reconstrução. O chamado já está sendo feito. Que sejamos capazes de atendê-lo e nos seja dado o privilégio de nos tornarmos a mudança que queremos ver no mundo, como nos ensinou Mahatma Gandhi.

E para isso é fundamental conquistar um novo olhar que nos leve ao mundo que desejamos habitar. É preciso coragem para ser feliz. Escolher essa condição como a desejável, abrir mão de tudo o que não queremos para sermos capazes de obter o que queremos.

É sempre momento de convocação, de reunião, de reconstrução.

Muitos dos valores herdados e das crenças aprendidas foram construídos a partir da perspectiva de outro tempo, mais restrito, de escassez, de medo ou, até mesmo, de intolerância.

Edificamos uma sociedade baseada nessa escassez e aprendemos a desconfiar do sucesso e a não acreditar na condição de uma felicidade perene. "O que é bom dura pouco" é algo que repetimos como um mantra ou uma oração, sem ter a noção de que tudo o que se repete o cérebro aprende e opera. É hora de transcender algumas afirmações há muito aprendidas. A vida é a maior e melhor oportunidade e, enquanto estamos vivos, o bom está em ação. Foco é aquilo para o qual voltamos nosso olhar.

> É fundamental conquistar um novo olhar que nos leve ao mundo que desejamos habitar.

"O que vem fácil vai fácil" é outra afirmação em que acreditamos sem questionar. Operamos a vida em um estado permanente de esforço para justificar essa frase. Mesmo em relação àquilo que fazemos com prazer, que é fácil fazer, que adoramos, costumamos dar uma "reclamadinha" para ninguém achar que é fácil.

Esse estado de escassez, a crença de que não há para todos, gera três atitudes pessoais, da seguinte ordem:

1. Se é escasso, então primeiro vou cuidar de mim e de minha família e, só depois, se houver tempo e condições, vou ajudar os outros.

ESSA PRIMEIRA ATITUDE GERA O EGOCENTRISMO OU EGOÍSMO, em que a solidariedade passa a ser uma prática eventual, sem prioridade, compromisso ou responsabilidade.

2 Se é escasso, então alguém vai ganhar e alguém vai perder, assim precisaremos competir para ver quem vai ganhar ou perder.

ESSA SEGUNDA ATITUDE GERA A COMPETIÇÃO. A competição exacerbada levará a um grande volume de "perdedores" ou excluídos.

3 Se é escasso, um dia vai faltar e é preciso acumular hoje para não faltar amanhã.

ESSA TERCEIRA ATITUDE GERA O ACÚMULO. Essa necessidade de acúmulo gera o consumismo, que provoca ainda maior escassez para os que não possuem recursos e, assim, uma desigualdade crescente.

> A vida é a maior e melhor oportunidade e, enquanto estamos vivos, o bom está em ação.

Agindo com base no egoísmo, na competição e no acúmulo, criamos uma sociedade desigual, injusta e excludente, que leva a uma realidade violenta e insegura. É por isso que estamos vivendo o estado social atual. Uma crença cria todo um sistema de mundo.

PARADIGMAS LIMITANTES OU LIBERTADORES

Porém, se sairmos da escassez e acreditarmos na abundância, na ideia de que há para todos, de que o sol nasce para todos, de que "o planeta é uma só nação e cada ser humano é seu cidadão", como nos ensina o fundador da fé Bahá'í (Bahá'u'lláh), então poderemos transformar a realidade vigente.

> **Se os valores de base das pessoas forem o altruísmo, a cooperação e a partilha, a sociedade será justa.**

Se desenvolvermos o paradigma da abundância, teremos atitudes diversas ao paradigma da escassez:

1 Se há para todos, então não preciso me preocupar comigo mesmo e posso contribuir com todos.
ESSA ATITUDE GERA O ALTRUÍSMO, em que o centro da experiência passa a ser a solidariedade.

2 Se há para todos, não haverá perdedores e vencedores, portanto a competição não é necessária. Todos podem ganhar.
ESSA ATITUDE GERA A COOPERAÇÃO, que vai levar a uma nova forma de convivência e de relacionamento, muito mais fraterna e de ajuda mútua.

3 Se há para todos, não é preciso acumular e não há por que ter mais do que se necessita, com a confiança que não vai faltar.

ESSA ATITUDE GERA A PARTILHA, em que as potencialidades e dificuldades individuais são absorvidas pela comunidade, criando uma condição de maior igualdade de oportunidades.

Se os valores de base das pessoas forem o altruísmo, a cooperação e a partilha, essa será uma sociedade justa, inclusiva e próspera. Esse é o estado-base da paz.

A paz, portanto, é fruto de uma forma de ver a vida e o mundo, que, muito antes do desejo de não violência, está no jeito como nos organizamos para ver e viver no mundo. Esse é apenas um dos exemplos de como nossa visão do mundo, nosso foco, define a realidade vigente, nossa e de toda a comunidade em que estamos inseridos.

> A paz, portanto, é fruto de uma forma de ver a vida e o mundo.

Todos os textos sagrados, de todas as tradições, falam da abundância. A parábola que melhor ilustra esse paradigma é relatada no Novo Testamento: o milagre de Cristo na multiplicação de pães e peixes. Esse não é um milagre de multiplicação, mas de divisão, de partilha. O grande milagre não foi o fato de ter alimento para toda uma multidão, mas todo o mundo acreditar que haveria o suficiente para todos.

PARADIGMAS LIMITANTES OU LIBERTADORES

E porque todos acreditaram todos se serviram, ninguém ficou com mais do que precisava e ninguém se bateu para tirar do outro o seu quinhão. E, o mais importante, todos foram saciados. Esse foi um momento de felicidade coletiva.

Acreditamos que o mundo precisa mudar para sermos felizes. É tempo de perceber que nossa visão de mundo precisa mudar para todos sermos felizes. O melhor de tudo é que está ao nosso alcance. Temos de começar com nossa própria prática, reformular valores, rever crenças e transcender preconceitos. Um novo olhar pode salvar o mundo.

Todos somos meio profetas e meio poetas. Fazemos predições inúmeras que se confirmam porque nos guiamos por elas. Todo desejo é uma forma de profecia. O mundo que conhecemos e no qual vivemos é fruto de nossas percepções e experiências interiores. Ou, melhor dizendo, tudo o que vemos fora construímos antes dentro de nós. Se não há uma referência interna, não há percepção externa.

Alguém que tenha a crença de que todo ser humano tem algo de bom sempre encontrará o bem no outro, mesmo no mais improvável contexto, e vice-versa. A realidade é a projeção de nossas crenças a respeito do que ela é.

> É tempo de perceber que nossa visão de mundo precisa mudar para todos sermos felizes.

Por essa razão, ainda que compartilhem o mesmo momento histórico, sob um único governo, por vezes em uma mesma família, pessoas diferentes viverão experiências de realidade diversas, pois seus contextos internos também diferem. O texto da vida é fruto do contexto da psique.

E aí se observa o poder de um desejo bem expresso e profundamente enraizado. Algo que se deseja de fato, não apenas "da boca para fora", é o motor de toda transformação. Um desejo é a profetização de uma nova realidade.

O desejo, que pode ser definido como "um sonho com projeto", estimula a atividade cerebral, com a formação de novas sinapses, os caminhos neuronais que são responsáveis por nossa criatividade e produtividade. Ao pensarmos e projetarmos nosso desejo, estamos também estimulando processos no sistema para que encontre respostas ao desafio que o desejo gera.

Todo desejo, portanto, torna-se a base para a construção da vida nova. É o fundamento em que vamos erigir a experimentação do novo modelo de mundo que almejamos. Assim, cuidado com o que deseja, como já alertava Goethe, porque vai acontecer. Atenção ao foco.

> A realidade é a projeção de nossas crenças a respeito do que ela é.

É preciso desenvolver a consciência para harmonizar os desejos. Por vezes tudo o que desejamos é provar o quanto a vida é

PARADIGMAS LIMITANTES OU LIBERTADORES

ingrata, quão pouco confiáveis são as pessoas, ou ainda como determinada realidade está fora de nosso alcance. Certamente seremos bem-sucedidos porque somos perfeitamente capazes de provar todas as nossas teses – contudo, nem todas as crenças são saudáveis ou adequadas.

Somente a consciência em evolução pode nos permitir dar o salto da desesperança, da desconfiança e do temor para a plenitude. Tudo está perfeitamente correto, nossas expectativas é que diferem da realidade vigente. Aceitar o que simplesmente *É* é a condição primeira para a transformação naquilo que pode *SER*.

> Quando a realidade não está de acordo com nossas expectativas, tendemos a dizer que está errada.

Há um território que chamamos de realidade e um mapa de nossas expectativas. Quando a realidade não está de acordo com nossas expectativas, tendemos a dizer que está errada. É como se, comparando o território com o mapa, afirmássemos que o território está errado por não coincidir com o mapa. Nessa situação, ficaremos em conflito com esse território até que ele se modifique para ficar igual ao mapa.

Ao termos consciência de que o que *É* simplesmente *É*, somos capazes de olhar o território com objetividade e verificar que modificações são possíveis a partir daquela

> **Quem se baseia em ilusões sobre como deveria ser a realidade dará todas as justificativas para não mudar.**

demografia e não de nossas projeções. Essa transformação será real, ou um salto quântico, como nos ensina a física moderna.

Colocando isso na vida prática: digamos que alguém quer mudar um hábito, mas sua rotina e sua forma de organização interna produzem empecilhos para isso. Quem se baseia em ilusões sobre como deveria ser a realidade dará todas as justificativas para não mudar de hábito, afirmando que a vida está uma correria, que as pressões são muitas, que a rotina é pesada etc., com a esperança de que, ao mudar a realidade, ela, então, seja capaz de alterar o hábito. Isso é o mais comum.

Em outra possibilidade, em que a pessoa reconhece que sua realidade é uma correria e que precisará adequar e aprender coisas para fazer a mudança de hábito dentro desse contexto, essa realidade não será mais condicionante para a vida, mas matéria-prima da transformação. O indivíduo exercita seu poder de escolha e faz valer seus desejos, independentemente da realidade vigente, criando uma nova realidade. Isso é o extraordinário que está ao alcance de todos.

PARADIGMAS LIMITANTES OU LIBERTADORES

Um desejo bem formulado, com uma consciência desperta que o possa implementar, é a profecia de uma vida renovada, plena do novo texto que nenhum contexto condiciona ou limita. O fundamento da mudança é a percepção, não a condição. Não seria o momento certo para trocar de lentes? Revisar o foco para ampliar a sorte na vida.

NÃO DÁ PARA MUDAR SEM MUDAR

NÃO DÁ PARA MUDAR SEM MUDAR

A VIDA É UM BEM PRECIOSO, mas morrer não é um fracasso. Aliás, é preciso aprender a deixar morrer tudo o que não contribui mais para a vida plena. Pensamentos, lembranças, hábitos, atitudes, formas de relacionamento, métodos, manias, certezas, enfim, há uma infinidade de coisas que depois de vividas devem simplesmente seguir o curso natural e sair de nossas vidas. Aquilo que habitualmente chamamos de desapego.

Mudar de ideia não quer dizer estar errado e, portanto, estar se retratando, mas ter avançado na percepção. Mudar é ver e sentir diferente aquilo que se apresenta a cada instante. Como todo instante é novo, deveríamos ser capazes de continuamente fluir na mudança. Se a única constante é a mudança, como já nos afirmava Heráclito de Éfeso, em 500 a.C., então mudar é parte integrante da realidade de cada instante.

> Mudar é ver e sentir diferente aquilo que se apresenta a cada instante.

Contudo, não estamos tão dispostos a seguir o fluxo e resistimos bravamente às mudanças, mesmo desejando que as coisas mudem, o que é incoerente. Queremos novos hábitos, porém não desejamos aplicar a disciplina necessária para que essa mudança ocorra. Desejamos novas perspectivas de vida, todavia não investigamos com profundidade as alternativas ao modelo de mundo que criamos. Não dá para mudar sem mudar.

E não dá para mudar sem deixar morrer aquilo que não é mais. Duas atitudes não podem ocupar o mesmo instante na vida de um ser humano. Temos de eleger entre as alternativas; aí sim, estaremos criando realidade. Se ela segue sendo a mesma, é porque nossas escolhas vão dar continuidade até ao que não desejamos que continue. Por quê? Essa é a grande questão que intrigou filósofos e pensadores ao longo da história. Por que o ser humano teima em repetir o que não deseja mais?

Muitas respostas são possíveis, há várias razões para a diversidade de procedimentos e haverá respostas diferentes para cada pessoa e situação, porém o fio condutor é a consciência. É aí que reside todo o potencial da mudança. Não é preciso esforço nem sacrifício. Nenhuma dor será limitante e nenhum trabalho será demasiado quando a consciência dirige o processo.

> A consciência não é sinônimo de conhecimento, mas passa por ele.

Mudar é ganhar consciência. Alterar a forma de ver, de sentir, de pensar. Isso vai muito além da informação. A consciência não é sinônimo de conhecimento, mas passa por ele. Também não pode ser qualificada em função da experiência vivida, mas depende dela. Portanto, consciência

NÃO DÁ PARA MUDAR SEM MUDAR

não é o que sabemos nem o que vivemos, mas a capacidade de reflexão que temos para absorver os conteúdos presentes tanto no conhecimento como na experiência.

Sem essa capacidade os conteúdos são perdidos, a lição é desperdiçada. Estar consciente de algo é vivê-lo em plenitude, com todos os sensos, em uma inigualável absorção, que nenhum dos sentidos poderá sorver da mesma forma e na intensidade de percepção que a consciência dá a todas as coisas. Há algo maravilhoso no processo da consciência, pois ela imediatamente liberta o que estava preso, transforma em possibilidade aquilo que era inalcansável e estabelece um novo parâmetro para tudo o que já estava bem definido e limitado.

> Há algo maravilhoso no processo da consciência, pois ela liberta o que estava preso.

É como um passe de mágica. Tudo muda quando nossa consciência muda. Mudar é alterar a consciência. Entretanto, como se altera a consciência? Essa é outra pergunta que tem desafiado o pensamento humano. E, de novo, para cada um será diferente. A mesma experiência ou informação vai reagir segundo a capacidade de reflexão de cada indivíduo e vai gerar diferentes respostas de consciência. Mais uma vez, há um fio condutor – a reflexão.

Olhar duas vezes para a mesma coisa, pensar, refletir, analisar, fazer um resumo do dia. Diariamente, sair do

O FOCO DEFINE A SORTE

> Há uma imprecisão natural na vida: ela não tem roteiro pré-programado.

papel de quem aponta para fora e olhar para si mesmo, refletir sobre o que poderia ser feito além das respostas prontas que damos a tudo.

Nosso cérebro é altamente moldável e pode ser alterado a todo instante com novas sinapses, as ligações entre os neurônios. Se algo concreto é tão mutável, podemos, por analogia, perceber que toda maleabilidade é uma característica da vida. Assim, como nos ensinava Lao-tsé, o filósofo fundador do taoísmo, os flexíveis e frágeis são aliados da vida, enquanto os duros e fortes são aliados da morte. É preciso mudar para não morrer. É preciso deixar morrer para viver plenamente.

E esse viver não tem um roteiro pré-programado, não está previamente definido, não possui métodos absolutos nem fórmulas de conduta com as quais podemos estar seguros de sempre acertar. Há uma imprecisão natural na vida.

"Navegar é preciso, viver não é preciso." Fernando Pessoa já nos apontava o cerne da questão da vida. Para navegar temos mapas, bússolas, roteiros, orientações, condições climáticas, previsões meteorológicas, enfim, toda uma cartografia a ser seguida.

Mas viver não é uma experiência tão precisa. Por mais planos que façamos, por melhores que sejam nossas leituras das tendências e das oportunidades, a vida sempre nos surpreende com algo que não foi nem pensado, nem previsto, nem antecipadamente preparado.

Buda nos fala sobre a ilusão de ter expectativas, pois elas servem apenas para provocar frustrações. Lançar-nos ao fluxo da vida e confiar na nossa capacidade de encontrar respostas para o desafio de cada dia é o maior dos desafios.

Frustrar-se não está relacionado a não alcançar o que se deseja, mas a não desejar o que se alcança. Tudo o que ocorre tem o sentido exato da experiência a ser vivida, da emoção a ser experimentada e da lição a ser aprendida. Tudo o mais é transitório. Erros, acertos, sucessos, derrotas, glórias ou humilhações são apenas um estágio mínimo e temporário na grande caminhada da existência.

> O sentido que damos às coisas é que faz que tudo ocorra em nossa vida em uma ou outra direção.

O sentido que damos às coisas é que faz que tudo ocorra em nossa vida em uma ou outra direção. A experiência gera o senso; o senso orienta as respostas; nossas respostas criam a realidade.

Tudo o que vivemos é fruto de nossas escolhas, de nossa forma de ver a vida, das respostas que somos capazes de arquitetar. Quanto mais avançarmos na experimentação, mais respostas encontraremos, mais oportunidades poderemos

O FOCO DEFINE A SORTE

nos permitir, mais e melhores vivências teremos, e assim o ciclo recomeça, mas aí já estaremos em outro nível da espiral.

Viver não é preciso e essa imprecisão faz da existência algo tão interessante. Quem sabe o que nos espera na próxima curva da estrada? Se não há como saber, o melhor mesmo é aproveitar a paisagem que se descortina à nossa frente, sem antecipar as preocupações de algo que, talvez, nunca ocorra.

Por vezes esbarramos com coisas até melhores do que aquelas sonhadas.

De todos os desafios, o mais espinhoso é abrir mão da expectativa, da antecipação. Aprendemos desde sempre que é preciso ter planos, propósitos, sonhos, objetivos, saber para onde vamos e como chegar lá. E isso também é verdade, mas a verdade é muito maior que isso.

O importante não é tanto o plano, mas a flexibilidade para dar respostas novas diante das oportunidades e novidades que aparecem. Quando acreditamos demais no plano, ficamos rígidos e não vemos, nem vivemos, o que é para ser visto e vivido. O plano pode nos fazer perder o foco.

Por vezes esbarramos com coisas até melhores do que aquelas sonhadas, mas estamos tão presos à visão construída que não conseguimos perceber a verdadeira paisagem. Por vezes o resultado que alcançamos é muito mais valioso que o planejado, mas como não é igual ao que esperávamos julgamo-lo incorreto.

A correção de cada resultado é por si só. Porém, nossa mente analisa o resultado comparando-o com as expectativas que tínhamos, e, se a coisa não bate, concluímos que a realidade está errada.

Precisamos recuperar o senso dos antigos, que, a cada nascer do sol, agradeciam aos céus pela oportunidade e, a cada pôr do sol, reverenciavam o sagrado pela experiência. Damos tudo isso como certo, sem perceber que nada está assegurado. Tudo é milagre.

Celebrar é algo que esquecemos de fazer. Nossos ritos perderam seu significado mais profundo. Ao festejarmos um aniversário, não entendemos a simbologia da treva quando apagamos todas as luzes, para deixar entrar a vela acesa que ornamenta o bolo. Que luz é essa que ilumina as trevas? Que ser é esse cuja luz celebramos? Assoprar a vela, logo após fazer o pedido interior, é espalhar essa luz pelo mundo.

Que nosso pedido possa seguir viagem, encontrar pelos caminhos todas as oportunidades, pessoas, situações e se realizar. O pedido não é um plano, é uma oração. É a entrega, em confiança, ao mais

> Celebrar é algo que esquecemos de fazer. Nossos ritos perderam seu significado mais profundo.

> A vida nada mais é do que um instante tomado da eternidade. Nossa passagem é apenas isso, uma passagem.

sagrado, ao mais perene, ao maior da vida, para que na nova etapa os sonhos que acalentamos se realizem e nossos pedidos sejam atendidos pela Providência.

E, um dia, sem mais nem menos, ausentes de nossas expectativas olhamos a vida e percebemos que os presentes solicitados chegaram. É o sol que nasce, é uma criança que corre feliz entre adultos que compartilham um momento de alegria. É a nova treva que é vencida por mais uma vela que chega. E, então, percebemos: que outro momento senão esse? Que outras pessoas senão as mais amadas? Que outra vida senão a nossa?

Há esses raros, profundos e belos momentos em que podemos abrir mão das expectativas porque percebemos que tudo já está disponível. Contudo, nada é para inventariar como patrimônio e sim para desfrutar, como quem aproveita as facilidades de um maravilhoso hotel antes de seguir viagem.

A vida nada mais é do que um instante tomado da eternidade. Nossa passagem é apenas isso, uma passagem. Tudo o que obtemos é transitório – as posses, os bens, os afetos e as relações.

Todo privilégio que nos é dado também nos é retirado: a juventude, a força, a memória, a lucidez e até mesmo o

NÃO DÁ PARA MUDAR SEM MUDAR

saber. Talvez o propósito da vida seja apenas o de entender que existir a cada momento e ser capaz de se despedir em cada estação é a verdadeira jornada benfeita.

Os ciclos se renovam e não há como parar a roda da vida. O mais importante é dar cada passo de forma amorosa para poder saborear sempre o gosto da vida. Viver nada mais é do que avançar a um destino inexorável. Se o destino já é conhecido, o mais importante é fazer da caminhada um grande feito.

> O mais importante é dar cada passo de forma amorosa para poder saborear sempre o gosto da vida.

Poderemos avançar para a próxima etapa da existência com o coração repleto de alegria se apresentarmos os sinais de uma missão bem cumprida, que é uma vida digna e justa. A dignidade e a justiça nos permitem a clareza de que se cumpriu um ciclo, mas não se interrompeu uma grande obra.

Nessa rápida passagem, morremos a cada instante. Mas nem sempre nos damos conta disso. Ou aceitamos essa condição ou, então, ficaremos presos aos momentos, no culto ao passado e na expectativa de um futuro, esquecendo a única oportunidade real: o nosso presente. Construí-lo bem, com integridade, é a única maneira de assegurarmos – aqui ou em qualquer parte deste universo – uma vivência plena.

O FOCO DEFINE A SORTE

O que certifica nossa existência são os frutos. A pergunta que deve nos mover, portanto, é: "O que estou frutificando na vida?" Tem gente se perguntando qual é o plano de Deus, quando claramente o que está planejado para nós é o exercício pleno da existência. Quem não frutifica não produz de si nenhuma obra, seja um poema, uma paixão, um filho. Quem não planta árvores, não cria cachorros, não se arrisca em novas aventuras, desconhece os vizinhos, não sabe fazer um prato especial, não tem seu livro favorito e detesta cinema não sonha – e ri de quem sonha. Enfim, quem não desfruta os múltiplos momentos desfalece enquanto caminha, dorme pensando estar acordado, morre iludido, acreditando que vive.

Não há respostas quando devemos nos entregar ao mistério. A questão é saber formular as perguntas porque tudo vira resposta. Olhando ao nosso redor, vemos que nada existe que não seja transitório. Assim sendo, nem a morte é perene, ela é a passagem para uma nova etapa, outra aventura, para a qual devemos nos preparar. Fernando Pessoa diz que "a morte é uma curva na estrada". Por não vermos mais a estrada não quer dizer que ela não continue. É preciso acender a chama do sonho para iluminar o caminho daquele que segue

> A questão é saber formular as perguntas porque tudo vira resposta.

NÃO DÁ PARA MUDAR SEM MUDAR

para seu novo lar, meditar para abrir sua consciência para a luz, recolher-se em silêncio para ouvir com cuidado.

Temos de nos tornar dignos de ser amados para usar a força desse amor e construir a nova jornada, pois ela é a única bagagem que levamos e o único reforço que podemos continuar recebendo. Demos conta de nascer e daremos conta de morrer, porém o apoio daqueles que nos amam pode representar uma passagem tranquila, serena, confiante. Que todos nós tenhamos a sorte de receber um imenso amor que nos fortaleça e nos apoie.

> Que todos nós tenhamos a sorte de receber um imenso amor que nos fortaleça e nos apoie.

Sabemos que a despedida de qualquer etapa da vida deixa o coração ferido, mas só porque foi aberto para deixar entrar aquelas pessoas e momentos dos quais nos despedimos. Então, com nossa vivência e nossos relacionamentos, criamos esse espaço de acolhimento e poderemos sempre repousar tranquilos no recesso desse amor.

"Eu não sou eu", diz o poeta indiano Rabindranath Tagore, "sou alguém que caminha ao meu lado." A soma do que sou, portanto, é mais do que a experiência vivida, a desilusão sofrida, o amor sentido ou a frustração doída. Nossa soma é o resultado exponencial de tudo isso, mais o que aprendemos, o passo que damos para seguir além e os sonhos que frutificamos ao longo da jornada. Eu não sou apenas eu e, estando além de mim mesma, sou finalmente inteira, sem me perder nas partes menores dos problemas e circunstâncias que são apenas fragmentos do grande eu que sou.

Há algo maior que tudo, maior até do que a existência. Que sejamos capazes de encontrar a força da aceitação para nos entregar ao mistério para que a vida cumpra seus desígnios. Entretanto, essa entrega não significa que não tenhamos de fazer escolhas. Ao contrário, quanto mais nos abrirmos e aceitarmos o fluxo, mais seremos chamados a escolher, pois nossa percepção se ampliará e múltiplos caminhos se desvelarão à nossa frente.

Com nossa vivência e nossos relacionamentos, criamos esse espaço de acolhimento.

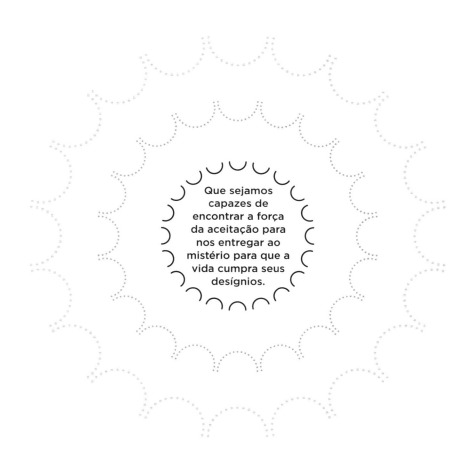

Que sejamos capazes de encontrar a força da aceitação para nos entregar ao mistério para que a vida cumpra seus desígnios.

ESCOLHAS E DECISÕES

ESCOLHAS E DECISÕES

O DESAFIO DE FAZER UMA ESCOLHA não é a escolha em si, mas ser capaz de abrir mão de tudo o que não foi escolhido. Se pudéssemos escolher e manter também o não escolhido, seria fácil fazer escolhas, não é? O duro mesmo é a renúncia.

Eu quero viajar e reformar a casa, tenho de escolher entre um e outro. A sensação é de perda – se escolho a viagem, ficarei sem a renovação necessária da casa. Se escolho a casa, não desfrutarei da viagem. Ufa! Que dureza decidir! E assim é com tudo na vida, não dá para ter "tudo ao mesmo tempo agora". Pode ser tudo, mas uma coisa de cada vez e em uma progressão de tempo que não atende ao nosso desejo mágico de simultaneidade.

> É a escolha que nos angustia que nos tira do centro, que nos faz repensar valores e prioridades.

Claro que há coisas que podem e são simultâneas, mas elas não nos dão angústia porque não exigem decisão. É a escolha que nos angustia que nos tira do centro, que nos faz repensar valores, prioridades, responsabilidades. É para isso mesmo que vivemos o dilema das decisões, para nosso autoconhecimento. O desconforto da escolha nada mais é do que um chacoalhão para sairmos de nosso espaço já conhecido e muito habitado e nos aventurarmos a olhar um cenário mais amplo da vida.

O FOCO DEFINE A SORTE

> Cada decisão nos leva a novos conceitos sobre quem somos e o que queremos, mesmo que nossa escolha seja manter tudo como está.

Há todo um potencial contido em cada escolha. As coisas talvez não corram do jeito que imaginamos e até podemos concluir que o caminho escolhido foi um erro; porém, de fato, todo caminho nos ajuda a compreender um pouco mais dessa habilidade incrível que é caminhar. Seguir em frente, aprender e, às vezes, até refazer o percurso – o que nunca é um retrocesso – é sempre um jeito novo de caminhar, com mais sabedoria, depois de um percalço, de um desafio, de um conflito ou de um insucesso. Tudo é apenas caminho para novos e ainda mais amplos horizontes.

E a chave para abrir esse portal de oportunidades são as escolhas. Cada decisão nos leva a novos conceitos sobre quem somos e o que queremos, mesmo que nossa escolha seja manter tudo como está – isso fala mais de nós do que imaginamos. Eleger algo é definir que tipo de vida queremos naquele momento.

O tema da tomada de decisão não é uma angústia nova, ao contrário. Desde o começo da filosofia humana muitos pensadores já se debruçaram sobre o tema e nos inspiraram com suas reflexões e ideias iluminadas. Conta-nos Platão que Sócrates, em seu último dia de vida, ao aconselhar um de seus discípulos sobre decisões futuras disse:

"Faça o que achar melhor, desde que venha a se arrepender um dia".

Esse é um conselho de mestre mesmo. Não escreva na pedra, escreva na areia. As coisas vão mudar, então esteja preparado para mudar com elas. Uma decisão revela sobre você e seu momento, não é um epíteto que define como será o resto de sua vida. Tudo é transitório, assim como nossas decisões. Podemos e devemos mudar de opinião, como nos aconselha o filósofo grego.

A experiência mais interessante é decidir com desapego, abrir mão daquilo que não foi escolhido e ser capaz de lidar com a impermanência do que foi. As coisas mudam. A gente estuda e depois vai trabalhar com outras coisas. Casa e descasa. Tem filhos que um dia vão embora viver suas próprias escolhas. Jura que nunca mais fará determinada coisa e se pega fazendo de novo. Tudo bem. Tudo é processo.

Pense a respeito de uma coisa: "De que forma você está esculpindo a vida?" Há duas opções para esculpi-la: pode ser em bronze ou em gelo. A maioria das pessoas pensa em fazer esculturas em bronze, algo para durar gerações, um legado que possa ser apreciado por muito tempo, passado de pai para filho.

A experiência mais interessante é decidir com desapego.

O FOCO DEFINE A SORTE

Assim elas começam procurando uma boa peça de bronze, algo sólido, seguro e confiável. Sem perceber o quanto a própria vida é transitória e instável, muitos trocam a experiência do momento pela sensação fugaz de segurança que pode vir de um emprego, de um relacionamento, de um patrimônio ou *status* social. Esse bronze acaba sendo um peso enorme a ser arrastado vida afora.

O bronze é mais pesado e demora mais para ser esculpido, porém a busca daqueles que esculpem em bronze é fazer durar. Algo para ser visto e apreciado muito além da existência breve de seu autor. Esculpem a vida pensando no futuro, em outro momento e lugar que não o aqui e o agora.

"De que forma você está esculpindo a vida?" Há duas opções para esculpi-la: pode ser em bronze ou em gelo.

Já quem esculpe em gelo não está preocupado com o que vem depois, mas intensamente concentrado na experiência do momento. O gelo é volátil e frágil como a vida. É preciso trabalhar com o coração no momento, apreciando cada possibilidade que o gelo deixa transparecer, vivenciando a beleza de uma curva transparente, de relevos que parecem asas, de círculos que lembram danças.

A escultura em gelo não vai durar, vai perecer antes mesmo que seu autor, mas ela não é feita para durar, não é fruto da busca de uma vida, porém representa a entrega

ESCOLHAS E DECISÕES

absoluta ao momento e à condição de, realmente, desfrutar a vida. A escultura em gelo é a deslumbrante possibilidade de viver o aqui e agora sem amarras, planos ou expectativas para o futuro.

> Talvez seja o caso de revisarmos nossos valores para transmitir às próximas gerações outra forma de ver a vida.

A maioria das pessoas recebeu uma educação focada na busca pela perenidade. Valores voltados para o sucesso profissional e patrimonial que podem gerar volumosas esculturas em bronze. Alguém não comprometido com esses mesmos valores é malvisto, julgado como quem oscila entre a ineficiência e o fracasso.

Teremos mesmo de continuar esculpindo peças em bronze, trocando minutos, horas, dias e semanas – um monte de vida! – para ter, por exemplo, uma casa na praia, que nem temos tempo de desfrutar?

Estamos tão concentrados em nossas esculturas de bronze que não damos mais valor às esculturas em gelo. Por esse modelo, algo que não dura não serve para nada. A transparência do gelo, sua fragilidade e, especialmente, sua impermanência precisam ser resgatadas.

Talvez seja o caso de revisarmos nossos valores para transmitir às próximas gerações outra forma de ver a vida. Nosso maior legado não será o patrimônio construído, o diploma universitário conquistado, nem uma

O FOCO DEFINE A SORTE

> Fazemos escolhas baseados em o que esperam de nós, o que achamos que é o mais sensato, o mais razoável.

posição de proeminência na sociedade. Nossa maior herança é a construção de uma sociedade mais justa, igualitária, com oportunidades para todos, onde a esperança não seja apenas uma palavra a ser repetida e a fraternidade seja a verdadeira relação entre todos os seres.

A boa vida não é uma escultura em bronze, mas em gelo. Não é a busca pela perenidade, mas o desfrute do aqui e do agora. Não é a construção do patrimônio físico, mas das relações fraternas entre todos. A vida é o que fazemos dela, não o que deixamos para o futuro.

Assim é, portanto podemos fazer nossa escolha e vivê-la enquanto seu prazo de validade estiver em vigor. Depois, é preciso passar para o próximo estágio, fluir na correnteza da existência e perceber que as decisões também mudam. O que acho mais interessante no conselho de Sócrates não é a sábia contradição de se arrepender um dia, mas a primeira parte do conselho: "Faça o que achar melhor".

Esse é um luxo ao qual raramente nos damos o direito e o deleite. Fazemos escolhas baseados em o que esperam de nós, o que achamos que é o mais sensato, o mais razoável, o que o dever nos cobra etc. Contudo, só ocasionalmente focamos fazer o que achamos melhor para

ESCOLHAS E DECISÕES

nós. O que nosso coração clama. Por isso o conflito é ainda maior porque temos receio de seguir nosso desejo e nos vemos enredados pela trama da cultura que nos diz o que é o melhor.

Então abandonamos a mochila no armário e vestimos o uniforme de sérios e responsáveis, sem perceber que a maior irresponsabilidade é não darmos ouvidos ao nosso projeto mais pessoal e intransferível de vida. Somos frutos de nossas escolhas, e sempre é tempo de aplicarmos mais sabedoria e menos conhecimento, mais coração e menos razão, mais sensibilidade e menos responsabilidade. Não é tirar isso tudo, é diminuir o volume, fazer uma fórmula mais baseada nos impulsos internos que nos compromissos externos. Naturalmente, essa também é uma decisão que nos cabe tomar.

Contudo, ao exercitarmos nosso livre-arbítrio de forma integrada e coerente com nossos desejos íntimos e nossas aspirações mais acalentadas, também definimos como vamos viver. É aí que entram a importância do foco, a mira correta, o propósito realmente mobilizador e realizador. E isso define tudo o mais.

Nossa maior herança será a construção de uma sociedade mais justa, igualitária, com oportunidades para todos.

ENTRE A PRESSA E A PERFEIÇÃO

ENTRE A PRESSA E A PERFEIÇÃO

O FOCO TAMBÉM DEFINE de forma precisa o uso de nosso tempo. Quando não temos foco, andamos na correria sem saber mais para onde estamos indo, nem por quê. A pressa ganhou importância em relação ao propósito. Quantas vezes nos pegamos fazendo algo com o fôlego suspenso, uma urgência e um vazio de sentido?

A pressa é inimiga da perfeição. Para que haja perfeição, um senso de harmonia, equilíbrio e bem-estar, é preciso calma, lentidão, observação, inspiração e foco. Na pressa falta fôlego, na perfeição sobram suspiros.

A pressa é um estado em que o erro é tolerado em nome da velocidade. Já a perfeição não é ausência de erro, mas sua correção durante o próprio processo, o que chamamos de aprendizagem e é mais bem aproveitada dependendo do foco que nos propomos.

Talvez a perfeição seja um estado utópico, mas a busca desse estado pode nos levar a um desempenho de excelência. E atuar na excelência é perfeito. Podemos estar fora da pressa sem perder o senso de urgência. Compreender que há processos que precisam ser realmente acionados, concretizados, operados. E precisa ser agora.

É possível andar sem pressa mas com senso de urgência. A pressa é a manifestação

> Quando não temos foco, andamos na correria sem saber mais para onde estamos indo, nem por quê.

O FOCO DEFINE A SORTE

> Na correria em que a pressa nos coloca saímos fazendo mil coisas e esquecemos o que é essencial.

imperfeita, inadequada do senso de urgência. É um movimento que não se concretiza em resultados. A excelência nas ações é um estado de consciência que exige veracidade, transparência, observação, paciência para atendermos plenamente ao senso de urgência, sempre motivado por um foco bem definido.

"Ando devagar porque já tive pressa", nos canta o poeta. A substituição da pressa pela paciência, pela excelência, pela busca da perfeição, é um estado de maior efetividade. Assim, ganha-se um vagar para perceber os sinais do caminho e poder se guiar em direção ao melhor e ao mais adequado.

Podemos observar que a pressa é um dos sintomas da ansiedade e gera muitos resultados inconsistentes. Desacertos, frases mal formuladas, ideias incompletas, o atropelamento da gentileza, a inconsciência das necessidades do outro, até chegar ao desrespeito.

Há um antigo ditado que diz: "Quem não tem boa cabeça, tem que ter boas pernas". Na correria em que a pressa nos coloca saímos fazendo mil coisas e esquecemos o que é essencial, que temos de voltar resgatando. O processo é tão inconsciente que não nos damos conta do que é importante até que seja exigido. É como alguém montando

ENTRE A PRESSA E A PERFEIÇÃO

uma mesa para uma refeição e esquecendo a cada instante um ou outro elemento. Há o prato, mas falta o talher. Traz o copo, mas esquece a água. Oferece o alimento, mas esquece o guardanapo.

Na pressa sempre falta alguma coisa, pois não é possível agir e avaliar ao mesmo tempo. É por isso que quando saímos apressadamente temos a sensação de esquecer algo. É o esquecimento de si mesmo, da necessidade de refletir, de tomar fôlego, de cuidar do que é realmente importante, de se voltar para a definição básica de qual é o foco.

Certas pessoas têm medo da perfeição. Mas uma rosa plenamente desabrochada é perfeita, sem que represente qualquer ameaça. Um bebê dormindo relaxado é perfeito. Uma criança brincando enlevada, um casal apaixonado, uma festa com os melhores amigos, um momento de confidência, um dia de sol, o mar transparente, o namoro em dia de chuva. Enfim, a perfeição está em toda parte, basta consciência para contemplá-la.

A questão é que a maioria de nós acredita que a perfeição é um estado a ser atingido, e que a partir daí nos tornaremos perfeitos e nunca mais erraremos. Nada é permanente. Precisamos mesmo nos ater à tarefa de esculpir no gelo e realizar o instante.

> Na pressa sempre falta alguma coisa, pois não é possível agir e avaliar ao mesmo tempo.

A poesia nos conclama: "Não tenhas pressa, aonde tens de ir é só a ti mesmo". A questão não é chegar logo ao fim do dia, mas ser capaz de desfrutar cada instante, não importa de que forma ele se apresente. Tudo é experiência e toda experiência é lição. Aprender é a única experiência real, portanto. Com pressa perdemos a lição.

Acreditamos que há uma realidade que acontece fora de nós. Acreditamos que há coisas para ser feitas que não exigem nossa consciência sobre elas. Pura ilusão. Tudo o que há para ser vivido, realizado ou experimentado só existe de fato se passa pela consciência. É o mundo interior que vive a realidade e não o exterior.

"É preciso amar como se não houvesse amanhã." Entregar-se ao processo de corpo e alma, sem pressa, sem expectativas, com vagar e atenção, colocando o sentimento inteiro, olhando com a consciência, experimentando o aqui e o agora em plenitude. Haverá algo mais perfeito?

> Tudo o que há para ser vivido, realizado ou experimentado só existe de fato se passa pela consciência.

É preciso ter em mente que a realidade é como uma bolha de sabão. É um instante e, quando se viu, não é mais. Podemos guardar lembranças de bolhas toscas ou encantadoras que já vimos, mas são apenas lembranças. A perfeição não está na lembrança, naturalmente, mas na vivência plena do instante.

VIVENDO A IMPERMANÊNCIA

VIVENDO A IMPERMANÊNCIA

UMA BOLHA DE SABÃO surge do sopro, é matéria altamente perecível e impermanente, é translúcida e reflete tudo o que está ao redor. Esse parece ser o retrato perfeito de uma existência. Surge do sopro fecundo da vida, vai se modificar e fenecer e, assim como reflete tudo o que está ao redor, também contém, dentro dessa bolha transparente de vida, todas as coisas que espelha.

> Talvez o maior desafio de nossa vida seja acordar para o instante e colocar nosso foco no agora.

Isso é a realidade. Não é algo que foi nem algo que será. É essa frágil bolha de sabão que representa o instante exato. E pode ser puro deslumbramento se formos capazes de compreender quão etéreo e sublime é o momento. Ou será uma triste experiência se quisermos nos apegar a determinada bolha. Não dá para armazenar nem para manter uma bolha de sabão. Só podemos apreciá-la na medida de sua existência fugaz. Viu, viu; não viu, perdeu.

E quantos momentos perdemos? Quantos instantes escorreram pela mão enquanto estávamos distraídos olhando para outra coisa? Talvez o maior desafio de nossa vida seja acordar para o instante e colocar nosso foco no agora. Estamos sempre fazendo planos para o futuro ou pensando no que passou. É muito difícil estar no presente. Tudo está acontecendo neste momento. As letras

O FOCO DEFINE A SORTE

que você está visualizando, por um sofisticado processo mental, estão se transformando em significado dentro de seu cérebro; portanto, você lê e apreende o sentido do que está lendo.

Esses significados estão afetando seus sensores e você pode sentir ou não tudo o que está ocorrendo em seu sistema, dependendo da consciência que apresenta neste instante. O ar que enche seus pulmões, o toque do papel, a sensação física de estar sentado, em pé ou deitado, o cheiro do ambiente, as sensações de frio, calor, conforto, desconforto, relaxamento ou tensão. Tudo isso é a realidade. Tudo já está acontecendo, contudo estamos distraídos e não percebemos que somos o espelho que reflete tudo o que está ao redor, igualzinho a uma bolha de sabão.

Pensemos a realidade como uma metáfora tão impalpável e sutil feito uma bolha de sabão, pois costumamos achar que a vida é a sólida, e ilusória, estrutura que criamos ao nosso redor. Pense bem, a vida não é sua casa, seu carro, seu emprego, seu *status*, tampouco são os filhos que você trouxe ao mundo. A vida é essa bolha de sabão que aparece e desaparece de forma misteriosa, na brevidade do instante, e tem a intensidade que nossa consciência permitir.

> Estamos sempre fazendo planos para o futuro ou pensando no que passou. É muito difícil estar no presente.

VIVENDO A IMPERMANÊNCIA

Tudo passa, já sabemos, o bom e o ruim, o mais espetacular e o mais desastroso. Tudo é impermanente, mas seja qual for a expressão do instante ele é o retrato milimétrico da realidade. Não há nada fora do agora. Tudo está aqui, todo o potencial, todas as experiências, todo o conhecimento, toda a capacidade, toda a vida.

Talvez seja tempo de reaprender a brincar.

Podemos acreditar que haverá outro momento, outro tempo, outra oportunidade, mas nossa única certeza mesmo é deste exato, restrito e fugidio instante. No mais, é o ilusório desejo de que da máquina cósmica da qual saem as bolhas do instante continuem surgindo mais e mais bolhas em que possamos navegar na realidade presente. Vamos tendo a sorte de continuar recebendo as bolhas do momento, mas em alguma hora essas bolhas vão cessar e o que foi aproveitado foi, o que não foi, perdeu-se.

Talvez seja tempo de reaprender a brincar. Ninguém vê uma criança parar de brincar com as novas bolhas de sabão por pensar nas que se foram ou nas que ainda virão. A criança mergulha no instante e vive plenamente o momento. Essa capacidade de brincar é um atributo da habilidade humana de divertir-se, palavra latina que tem como raiz o diverso, a diversidade, o sempre novo.

O FOCO DEFINE A SORTE

Divertir-se é renovar-se continuamente, é experimentar cada instante como novo.

Por isso uma criança pode brincar cinquenta vezes da mesma coisa com a mesma energia e alegria da primeira vez. O tédio é a falência da imaginação. Só aqueles que se divertem podem superar o tédio e viver em plenitude a vida. Todo o nosso destino pode ser definido em um único instante e é com o foco nesse momento que elegemos a sorte de cada passo do caminho.

O tédio é a falência da imaginação. Só aqueles que se divertem podem superar o tédio e viver em plenitude a vida.

TRANSCENDENDO AS ILUSÕES

TRANSCENDENDO AS ILUSÕES

NÃO ESTAMOS APROVEITANDO plenamente cada instante porque nossa percepção cria ilusões sem fim. Nós não vemos as coisas como elas são, mas como nós somos. Confundimos os fatos com nossas próprias percepções e julgamos o mundo segundo nossa visão restrita da realidade. São nossas histórias dentro da história.

Uma crítica, por exemplo, não deveria ser vista como nada além disso. Pode ser ferina, honesta, maldosa, construtiva etc., mas é apenas uma crítica, não uma definição da pessoa, nem mesmo uma síntese da verdade. Acreditamos que a crítica pode definir e rotular uma pessoa, estabelecendo um limite ou uma condição de ser e agir. Essa é outra questão, que não pode ser confundida com a crítica.

> Confundimos os fatos com nossas próprias percepções e julgamos o mundo segundo nossa visão restrita da realidade.

Vemos o mundo através dos véus da ilusão que nossos modelos mentais nos dão. Definimos interiormente o que é prosperidade, sucesso, realização, solução, problema, enfim, tudo o que diz respeito à vida, e passamos a agir de acordo com esses padrões internos considerando-os verdades absolutas.

Até que em algum momento vivemos novas experiências que ampliam ou modificam aquela primeira perspectiva e então podemos agir de forma mais livre, e é aí que se dá a aprendizagem. Aprender é levantar os véus

O FOCO DEFINE A SORTE

> Temos receio de nos expor ao ridículo, de falhar, de errar, enfim, de tudo o que possa ser considerado um fracasso.

ilusórios da realidade e vivenciar experiências que possibilitem novos referenciais de mundo. Em outras palavras, aprender é ampliar a consciência.

Outra confusão que deve ser evitada é entre estudo e aprendizagem. Estudar é se dedicar ao entendimento ou à memorização de determinado tema. Aprender é internalizar o conhecimento transformando-o em um comportamento. Nem sempre se consegue aprender estudando, assim como estudar não é o único caminho para aprender.

Na escola passamos anos estudando, mas quanto realmente aprendemos? Vivemos em um emaranhado ilusório em que conceitos e preconceitos norteiam a maioria de nossas decisões sem que tenhamos testado a vida na prática. É dessa forma que definimos que algo não é possível, que não vai funcionar, que não está ao nosso alcance, ou vice-versa, apenas pela suposição sem experimentação.

Sofremos de um medo visceral do fracasso. Temos receio de nos expor ao ridículo, de falhar, de errar, enfim, de tudo o que possa ser considerado um fracasso. Por que o tememos tanto? Esse é um dos padrões aprendidos na infância e reforçados ao longo da vida, um espesso véu de ilusão que nos reprime de tentar pelo medo do erro.

TRANSCENDENDO AS ILUSÕES

Uma questão que merece nossa consideração para rever esse padrão é nos perguntarmos se acertaremos 100% de tudo o que fizermos no futuro. Se a resposta é "não", então não há sentido em não se arriscar naquilo que sonhamos ou buscamos porque, mesmo sem esse risco, ainda assim vamos errar em algumas das escolhas e ações que empreendermos.

Vamos refletir: se vamos errar mesmo fazendo o que não gostamos, dentro de obrigações que não nos satisfazem e em rotinas aborrecidas e restritas, então por que não fazer o que gostamos? Nossa existência é uma curta passagem de tempo, não importando quantos anos nós vivamos. Sendo assim, não podemos desperdiçar tempo precioso limitando nossa prática.

Ganhar ou perder, errar ou acertar, tudo isso é apenas ilusão, situações transitórias em uma realidade fugaz. Vivemos tudo isso só para aprender mais sobre nós mesmos, o que queremos e quem somos. Nada é para ter, guardar, perder; tudo é apenas para aprender. Entretanto, vivemos a ilusão da posse e até guerreamos por ela, vivemos a ilusão do acúmulo já sabendo que não poderemos carregar nada para além desta existência.

> Ganhar ou perder, errar ou acertar, tudo isso é apenas ilusão, situações transitórias em uma realidade fugaz.

Confundimos "ter" com "viver" e passamos boa parte de nossa vida em uma busca

O FOCO DEFINE A SORTE

incessante por obter mais e mais: uma casa, depois uma casa melhor e maior; um carro, depois um carro mais confortável ou luxuoso; mais roupas, sapatos, livros, diplomas, contatos superficiais. É tanta busca fora, tantas aspirações ilusórias, que nos esquecemos de olhar para nós mesmos e nos perguntar o que é mais importante, deixando de perceber que não há objeto que possa substituir a sensação e o sentimento de verdadeira vida.

> Confundimos "ter" com "viver" e passamos boa parte de nossa vida em uma busca incessante por obter mais e mais.

Esse talvez seja o maior e mais significativo desafio para ganharmos foco, o ajuste preciso dos valores, das prioridades. É preciso ter em mente que o tempo passa! E como passa. Mais rápido do que gostaríamos, mais lentamente do que sabemos, mais intensamente do que somos capazes de sentir.

E nem mesmo é apropriado dizer que o tempo passa. Sendo ele uma das dimensões que compõem a realidade, o tempo não passa, nós é que passamos por ele. Dizer que o tempo passa seria equivalente a dizer que, ao entrarmos e sairmos de uma sala, ela passou por nós.

Estamos habituados a compreender o mundo por meio da tridimensionalidade: altura, largura e profundidade. O tempo representa a quarta dimensão, porém não o entendemos assim. Ele nos parece abstrato e ao mesmo tempo tangível, um paradoxo, algo que não conseguimos abarcar com nossa mente nem definir, mesmo com grande imaginação. Contudo, isso só ocorre porque não compreendemos a natureza do tempo.

Como uma das dimensões, o tempo é, em si mesmo, uma redução da grandeza exponencial do infinito eterno. Como a existência é finita e regida pelas leis de sua transitoriedade, não pode abarcar o que é infinito e eterno; então somos levados a existir dentro de uma realidade temporal para podermos lidar e aprender com nossos desafios. Para tornar isso mais acessível, vamos usar o exemplo da tridimensionalidade novamente.

Nossa consciência ainda não tem condições de lidar com algo tão fluido e impalpável como o mundo que a ciência chama de quântico. Esse mundo atômico, rápido, em total e perene movimento, sem nenhuma barreira ou fronteira, apenas um grande oceano sem fim, é intangível demais para nós. Assim, a consciência, que é a forma pela qual experimentamos a realidade, a percebe pelas dimensões e torna-a acessível quando lhe dá forma, compõe altura, determina largura, estabelece distância e também organiza o tempo.

Tudo o que emana da consciência muda, pois ela é pura mudança. Por isso, o que era

> Tudo o que emana da consciência muda, pois ela é pura mudança.

O FOCO DEFINE A SORTE

> Tudo é relativo quando emana de algo que não é absoluto.

enorme na infância nos parece pequeno hoje, o que era longe fica perto e o que demorava passa rápido. A elasticidade da realidade é proporcional e equivalente à própria elasticidade da consciência. Sendo assim, todas as dimensões em que estamos inseridos são fruto de nossos paradigmas, de nossa forma peculiar de ver a mesma realidade. Em outras palavras, podemos dizer que a realidade é a materialização do estado em que nossa consciência se encontra.

E o tempo é uma dessas condicionantes que compõem o grande mosaico da realidade em que vivemos. Ele é uma das dimensões que nossa consciência utiliza para navegar por uma realidade muito mais vasta. Isso significa que cada indivíduo viverá o tempo de forma diferente – 24 horas não são simplesmente 24 horas. Tudo é relativo quando emana de algo que não é absoluto.

Se tudo está em plena transformação em virtude de ser fruto de nossa própria consciência mutante, não seria o caso de fluirmos mais fácil e levemente? Imagine que todo esse vasto campo existencial seja na verdade uma enorme e imensurável ponte. Tudo é ponte. Não construa casa na ponte; ponte é para passar, para ir de um lugar a outro, para fazer a travessia de algo que era para algo que será. Pontes não são territórios para fincar raízes.

TRANSCENDENDO AS ILUSÕES

Gastamos nosso tempo construindo castelos de areia e nem percebemos porque não entendemos que o mar da totalidade ainda vai varrer toda e qualquer construção que fizermos, seja ela material, emocional, social ou temporal. Tudo será varrido pelas ondas rítmicas da renovação perene. "Nada do que foi será de novo do jeito que já foi um dia."

O tempo é apenas uma das dimensões pelas quais estamos passando. A forma de melhor atravessá-lo é ter pouca bagagem, não carregue muita coisa. Deixe metade das lembranças para trás, abra mão dos ressentimentos mais pesados, despoje-se das expectativas grandes demais, liberte-se das necessidades de *status*, deixe de comprar *souvenirs* para mostrar onde esteve, simplifique sua vida. Viaje leve! Assim você perceberá melhor a paisagem e desfrutará mais dos entretenimentos da viagem. Afinal, a jornada é mais importante que o destino – pois ela o define.

> O tempo é apenas uma das dimensões pelas quais estamos passando. A forma de melhor atravessá-lo é ter pouca bagagem.

Quantas vezes nos prometemos mudanças desejadas, necessárias e positivas e as adiamos indefinidamente. Pensamos na possibilidade de um dia alcançar tal destino, mas nos esquecemos de colocá-lo em prática durante a jornada. Qual a razão de tanta demora? Se já sabemos do que precisamos, desejamos o que pretendemos e reconhecemos o seu benefício, por que não o

O FOCO DEFINE A SORTE

fazemos imediatamente? Por vezes até levamos anos na busca da realização de um propósito claro e bem definido. O verdadeiro foco vai muito além disso.

Compreenderemos nosso processo de resistência à mudança fazendo uma investigação sincera, profunda e aberta a respeito de nós mesmos. O ponto de superação de uma resistência é a aprendizagem, a qual só se dá em termos de autoconhecimento. Aprender não é saber coisas, é saber sobre nós mesmos. Todo conhecimento é autoconhecimento, pois nos aproxima da experiência de quem somos e de como agimos e nos transforma pela simples revelação desses conteúdos. O ajuste perfeito do foco é a auto-observação.

> Aprender não é saber coisas, é saber sobre nós mesmos.

Se o conhecimento não nos transforma, então é apenas um acúmulo de dados que não tem impacto educativo em nossa vida, e assim seguimos limitados aos mesmos processos, métodos e hábitos. Como dizem os taoístas: "Saber e não fazer é ainda não saber".

O que não compreendemos ao adiar as mudanças desejadas é que estamos, de fato, adiando a vida que almejamos ter. Propomo-nos a mudar na próxima segunda-feira, ou no mês que vem, ou quando essa fase passar, porém este exato instante é o tempo em que tudo já está acontecendo. Se não foi do jeito que sonhamos, será então de

TRANSCENDENDO AS ILUSÕES

outro. Talvez seja por isso que algumas pessoas consideram a vida um pesadelo.

Para promover a mudança que almejamos precisaremos, portanto, investigar nossos bloqueios e mecanismos internos. Essa tarefa não é fácil nem poderá ser realizada sozinha. Teremos de contar com o *feedback* de outras pessoas. Achamos que conseguimos lidar com tudo por conta própria, mas, se quisermos arrumar o cabelo, fazer a barba ou a maquiagem, enfim, mexer em nossa aparência, precisaremos de um espelho. Ao lidar com a aparência de nossas personagens na vida, precisaremos do outro como um espelho para enxergar a nós mesmos.

Para superar uma resistência à mudança devemos pedir e abrir-nos para os *feedbacks*. Porém, isso não é suficiente, temos de exercitar a real intenção de aprender e rever conceitos e atitudes. Esse processo exigirá que duvidemos de nossas certezas arraigadas e nos coloquemos em posição de aprendizagem. Pense o seguinte: se o que você sabe não lhe permite mudar o que deseja, é porque o que você sabe não é suficiente para os seus propósitos. Abra mão de seu "saber" e comece a se perguntar sobre o que você ainda não sabe.

> Se o que você sabe não lhe permite mudar o que deseja, é porque o que você sabe não é suficiente.

APRENDA
A DUVIDAR

APRENDA A DUVIDAR

ASSIM, PARA SUPERAR uma resistência à mudança é preciso começar a duvidar das certezas e formular novas perguntas. Naturalmente, isso também não será suficiente. Em alguns casos você, inclusive, já chegou a esse ponto. O nó da questão está no passo seguinte, isto é, aceitar os novos modelos de mundo e acreditar que você é capaz de vivenciá-los. Por vezes percebemos que as mudanças são possíveis adotando determinadas práticas ou métodos, mas nos sentimos incapazes de adotá-los, como se aquilo só fosse possível para os outros.

> Precisamos nos perguntar: "Como aprender o novo?"

Se isso ocorrer, duvide de sua dúvida. Isso parece engraçado, mas é muito sério e de alto impacto. Nosso cérebro funciona a partir de nossos estímulos e vai confirmar todas as nossas certezas e percorrer caminhos para buscar respostas para todas as nossas dúvidas, até que a pergunta seja resolvida. Se duvidarmos de nós mesmos, o cérebro usará todo o seu potencial para encontrar respostas desmobilizadoras na direção a que a dúvida conduz. Em vez de nos perguntarmos: "Será que sou capaz?", devemos formular a pergunta: "Como ser capaz?"

Precisamos nos perguntar: "Como aprender o novo?"

Muitas vezes colocamos o foco da mudança na ação por não compreendermos que a ação emana da consciência e que, sem modificá-la, por mais esforço e rigor que empreguemos, não conseguiremos efetivar uma transformação de fato. O caminho é transformar nossa consciência a partir do autoconhecimento. A mudança será uma consequência natural.

Em vez de nos perguntarmos: "Será que sou capaz?", devemos formular a pergunta: "Como ser capaz?"

FOCO TODO SANTO DIA

FOCO TODO SANTO DIA

PARA DESENVOLVER O FOCO precisamos aprimorar nossa percepção e capacidade de escolha. Assumir riscos calculados e ir além do que já compreendemos e assimilamos. Nossos sentidos não são treinados para ver o todo. Vemos a vida por etapas, partes, sequências, episódios. Nossa memória é a fragmentação da experiência. Nosso olhar vê tudo de certo ponto de vista, pois não consegue abarcar toda a realidade. Só podemos guardar a maciez daquilo que tocamos, pois o intocado não pode ser percebido. Ouvimos e falamos limitados pela linguagem e pelos conceitos que somos capazes de decodificar.

Vemos a vida por etapas, partes, sequências, episódios.

Para ampliar nossos horizontes, rompendo as fronteiras internas que nos impusemos, precisamos percorrer de novo os caminhos conhecidos a partir de uma trajetória arquetípica, ou seja, temos de ir além do analítico racional e exercitar nossa percepção dentro da esfera do simbólico intuitivo.

Toda a sabedoria se expressa em um espaço além das palavras, além das ideias objetivas, e da experiência tangível. O sutil, o subjetivo e o intuído são algumas das facetas da consciência. Se não há um fundo de contraste, não é possível compreender as letras da superfície. Ler a vida é

O FOCO DEFINE A SORTE

ver o que está escrito, feito, experimentado, mas também perceber o todo que faz isso possível.

No nível simbólico podemos decifrar mensagens que nos permitem acessar aquilo que não pode ser explicado, mas deve ser compreendido. Há outros níveis de realidade não percebidos (microscópico, atômico, mental, imaginal etc.) que coexistem com a realidade percebida e a afetam em uma espiral de acontecimentos que nem sempre compreendemos. Como explicar as coincidências, as pequenas magias diárias, o sonho com sua linguagem tão subjetiva?

> **Não sabemos de onde viemos nem para onde vamos, mas ao menos devemos tentar compreender onde estamos.**

Se fizéssemos nossa viagem pelos dias através dos ambientes simbólicos, com que profundidade experimentaríamos a vida? O que poderíamos acrescentar aos nossos sentidos para vivenciar com fluidez todos os acontecimentos? Se víssemos o que não está aparente e compreendêssemos o que não é claro, talvez não pudéssemos impedir nenhum dos fatos, mas saberíamos lidar muito melhor com tudo o que acontece. Por que será que a semana é formada por um ciclo de sete dias? O que representa cada um deles? Não sabemos de onde viemos nem para onde vamos, mas ao menos devemos tentar compreender onde estamos.

FOCO TODO SANTO DIA

O conhecimento compartilhado da filosofia, das artes, das ciências e das tradições gerou uma visão mais holística, mais ampla, permitindo a concepção de uma teoria geral de correlações, em que tudo está relacionado a tudo. Um dia, que equivale a um mito, que equivale a um astro celeste, que equivale a um signo, que equivale a uma cor, que equivale a um sentimento, que equivale a um aroma, que equivale a outra coisa... e assim sucessivamente, em uma correlação circular e de múltiplas variáveis.

Por vezes, a compreensão de episódios que se repetem em nossa vida pode se dar por meio do portal dos simbolismos, das correlações que formam as intrincadas teias em que bordamos nossa existência. Compreender o simbólico para superar o ilusório é um dos passos fundamentais no extenso caminho da consciência.

Compreender aquilo que fica de tudo o que é transitório é mergulhar na própria essência da vida e beber do mais puro sabor da verdade. Acertar ou errar, ganhar ou perder, estar feliz ou infeliz são apenas partes do intrincado espelho da ilusão. Ora estamos em uma condição, ora em outra. Tudo o que passa não pode ser o propósito da vida. A dor, a perda, o sofrimento também são parte dessa experiência de Maia (deusa da ilusão para os hindus).

O que é perene, então? Tudo aquilo que não desaparece, mesmo com a morte. A existência passa, só a vida é perene. E o que representa cada dia desta vida depende do valor que imprimimos a ele, sem que o medo seja o guia. Nenhuma semente é perdida, que sejamos então capazes de avançar sempre. Nenhuma primavera jamais deixou de favorecer as flores. Há ciclos que se repetem para os inconscientes, reproduzindo vezes sem fim a mesma sequência de fatos, até que acordamos e saltamos para um novo ciclo mais amplo na espiral da existência. Refletir é mudar, e quem muda cura a si mesmo.

Se prestarmos atenção, cada dia representa um movimento especial de ciclos de vida, apresenta um foco em si mesmo. Se seguíssemos o fluxo da sabedoria dos dias, levaríamos nossa existência bem mais alertas, desfrutando cada passo, reconhecendo cada encontro, permitindo que o melhor de nós aflorasse nas trilhas iluminadas de cada santo dia.

Cada dia representa um movimento especial de ciclos de vida.

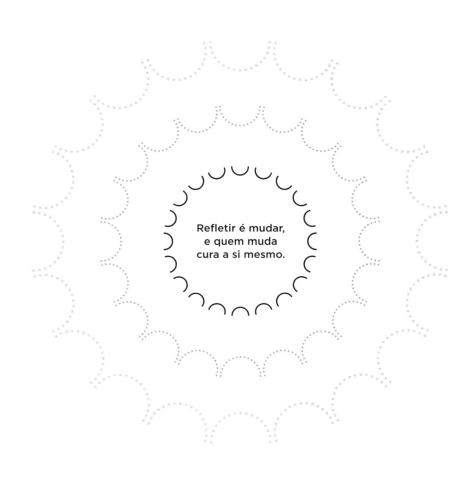

FLUINDO COM A VIDA

FLUINDO COM A VIDA

É PRECISO FLUIDEZ PARA VIVER o dia a dia sem estresse ou traumas, acolhendo cada experiência pelo que é em si mesma. Revisando nossa forma de lidar com os dias, podemos chegar a novas formas de vivê-los. Aceitação é uma palavra-chave para não nos frustrarmos com a natureza dos processos e sermos capazes de desfrutar de cada dia sem perder o foco.

Uma interessante e tradicional história pode nos ajudar a compreender ainda melhor essas premissas. Ela conta que certo dia um pajé muito velho foi procurado por um homem que queria saber o segredo de sua longevidade. O pajé, que, apesar de muito idoso, ainda mostrava um semblante com poucas rugas e cabelos bem escuros, parou para pensar sobre a pergunta e depois respondeu:

> Revisando nossa forma de lidar com os dias, podemos chegar a novas formas de vivê-los.

— Para mim o segredo da longevidade é nunca discutir com ninguém. Aceitar e acolher todas as verdades, pois tudo é parte da grande verdade.

O homem, que, apesar de jovem, já apresentava sinais da idade, como cabelos grisalhos, rugas ao redor dos olhos e um semblante cansado, insatisfeito com a resposta do pajé, retrucou:

— Mas o senhor não acha que o debate é muito importante? A ignorância não seria por si mesma um mal?

O FOCO DEFINE A SORTE

Quando nos propomos ao debate de ideias, estamos ampliando nossa consciência e evoluindo, o senhor não concorda?

O pajé parou, pensou longamente e, por fim, respondeu:

— É, você tem toda a razão.

Esse pequeno encontro com a sabedoria do pajé pode nos fazer refletir sobre o que estamos defendendo, e de que forma. Como aceitamos as opiniões discordantes e o que pensamos sobre nossas próprias ideias?

Cada dia, cada instante, todo o tempo, há múltiplas possibilidades que precisam ser acolhidas e transcendidas para mantermos o foco. O sábio nos ensina que o acolhimento ao pensamento diverso e a aceitação de opiniões discordantes não são uma fraqueza ou um sinal de ignorância de nossa parte, mas a arte da verdadeira sabedoria.

Por que nos apegamos tanto à nossa razão? Por que estamos tão preocupados em fazer nosso argumento "vencer"? Por que nos sentimos diminuídos quando o que pensamos não é acatado como verdade?

Aprendemos que pessoas que mudam muito de ideia são volúveis. Que ter uma opinião e mantê-la é uma forma de demonstrar a força do caráter. Que pessoas que mantêm o que dizem são dignas de confiança.

FLUINDO COM A VIDA

Entre o 8 e o 80 há 72 números, porém nos esquecemos disso e vivemos nos extremos, onde se encontram os maiores níveis de tensão. Ou mantemos nossa opinião ou não sabemos o que queremos da vida. Nem tanto ao mar, nem tanto à terra.

> Queremos ter razão e para "vencer" um confronto somos capazes de sacrificar a própria razão.

Ganhar foco depende de um equilíbrio entre as partes. Nunca ter certeza de nada é fruto da indecisão e da insegurança, mas jamais mudar de opinião é uma limitação que nos impede de aprender e de evoluir. Nossa jornada rumo à ampliação da consciência está apenas começando. Há muito por aprender, mudar e fazer. Nada nem ninguém possui o monopólio da verdade; portanto, é preciso se abrir para a experiência do encontro.

Ouvidos atentos, olhos bem abertos, mente interessada. Essa é a forma como deveríamos passear pela vida, aprendendo com cada pessoa que cruza nosso caminho, entendendo as consequências de todo passo dado, percebendo o novo caminho que se abre a cada avanço da consciência.

Defendemos nossas "certezas" com um apego que não se justifica. Queremos ter razão e para "vencer" um confronto somos capazes de sacrificar a própria razão.

O FOCO DEFINE A SORTE

> Ao querer provar nossos pontos de vista, atropelamos a vida.

Algumas vezes magoamos, confrontamos, brigamos e até gritamos com as pessoas que mais amamos para provar nosso ponto de vista e mostrar o quanto temos razão. Nossa vontade de estar certos é superior ao desejo de acertar, e assim vamos seguindo, de desajuste em desajuste, buscando provar nossa "verdade".

Muitas de nossas desventuras são fruto de um ilusório senso de razão. Ao querer provar nossos pontos de vista, atropelamos a vida. Arrependemo-nos depois, é verdade, pois nos damos conta de que poderíamos ter pensado melhor, ouvido um ou outro conselho, esperado o momento mais propício ou simplesmente calado. No entanto, no próximo teste da vida repetimos teimosamente o mesmo erro.

Por que é tão importante para nós "ganhar" uma discussão? Onde está a consciência que deveria nos alertar para corrigir nossa ação e evoluir a cada passo? Será que estamos sedando nossa inteligência ou oprimindo nossa lucidez? Por que continuamos errando?

É preciso um novo e renovado pensar, um olhar mais acurado para a vida, uma nova forma de ser e fazer. Ou seja, é preciso despertar para a realidade que insistentemente bate à porta de nossa vida e atender ao chamado da mudança.

É tempo de agir diferente. Abrir mão das certezas e, em vez de ter razão, ser feliz. O ajuste fino de nosso foco demanda uma nova intenção, uma mudança de horizontes. Se vemos aquilo para o qual voltamos nosso olhar, a questão é realmente nos darmos conta de qual a decisão que tomaremos a cada instante. Há iniquidade e há bondade, há sombra e há luz em toda parte.

O que escolhemos ver é o que enxergamos. Isso não significa que não veremos seu oposto. Aquele que elege a sombra só pode fazê-lo porque sabe da presença da luz e vice-versa. Estamos vivendo tempos de desabamentos e reconstruções. É sempre tempo de nos desfazermos daquilo que não é mais para seguir na direção do inevitável novo. Porém, boa parte de nossa bagagem segue sendo feita de antigas crenças e muitos medos.

Acreditamos paradoxalmente que o bem é maior, mas que o mal impera no mundo. Emocionamo-nos com a solidariedade, porém ressaltamos a corrupção. Preferimos as boas histórias, contudo consumimos a má notícia. Até quando seguiremos o caminho incoerente que nos leva para longe de nós mesmos?

Nosso foco define a realidade que vivemos, pois ela é fruto do que estamos vendo. Perdemos motivação, esperança, fé,

> É sempre tempo de nos desfazermos daquilo que não é mais para seguir na direção do inevitável novo.

O FOCO DEFINE A SORTE

Uma pessoa desperta vale por mil pessoas que dormem.

energia, enfim, perdemo-nos toda vez que permitimos que a ação de alguns, ainda inconscientes do real valor da vida, nos tire da trilha reta de nossos melhores sonhos.

Que a ação do mal não nos impeça de praticar o bem. Não somos capazes de mudar o outro, mas somos perfeitamente capazes de evoluir em nós mesmos, e no final das contas essa é a trajetória que importa.

Não percamos a capacidade de nos indignarmos, mas que isso jamais nos afaste do serviço nem faça morrer a chama de nossa esperança. Uma pessoa desperta vale por mil pessoas que dormem. Há iniquidade, mas é ainda muito menor que a solidariedade que ocorre em toda parte.

Quando vemos algo pouco humanitário, corrupto, desonesto, é natural que nos decepcionemos, que fiquemos indignados, frustrados e raivosos; contudo, isso não pode significar o fim de nosso empenho na promoção do melhor, não pode representar a desmobilização de nossas forças para servir, ajudar, cooperar, contribuir, curar, apoiar, ouvir, socorrer, estar junto daqueles que mais necessitam e são as maiores vítimas de toda a inconsciência. Que a ação do outro não nos tire de nosso foco.

Há a luz e a sombra, então é tempo de definir com que lado faremos nossa aliança de vida. Gosto muito da ideia de

FLUINDO COM A VIDA

"fazer o bem sem olhar a quem", pois isso nos coloca na posição de escolher fazer o bem incondicionalmente. Essa escolha é a mais elementar e, portanto, fundamenta toda a nossa trajetória. Se temos o impulso de ajudar, contribuir, participar, cooperar, mas nos deixamos desmobilizar quando vemos uma notícia de alguém que faz mal uso de seus recursos, que tira daqueles que precisam, que desvia para si o que é de outro, então estamos nos aliando a essa inconsciência e, portanto, também estamos adormecidos para a verdadeira realidade, que não depende do que ocorre ao nosso redor, mas das escolhas íntimas que fazemos a todo instante.

> Confiança no bem, no progresso da humanidade, na capacidade do ser humano de ser solidário, pacífico, amoroso e compassivo.

Concordo com a poetisa Elisa Lucinda, "se fazem o mal, vou revidar, aí sim é que farei o bem, serei ainda mais honesta, ainda mais correta, ainda mais compreensiva, até para entender que só superaremos o mal com um bem ainda maior".

Há de se reafirmar a confiança no bem, no progresso da humanidade, na capacidade do ser humano de ser solidário, pacífico, amoroso e compassivo. Esse mesmo ser humano é cheio de defeitos, dificuldades e limites, porém precisamos fazer aliança com nossa melhor e mais luminosa porção. Eleger o que focar é escolher o que vamos encontrar e de que forma vamos nos relacionar com o outro.

O FOCO DEFINE A SORTE

Vivemos no mundo que escolhemos habitar e precisamos ter clareza de que somos os autores de nossa realidade, considerando que há sempre uma variedade de versões possíveis para ver em cada evento. Afinal, nosso olhar enxerga o copo meio cheio ou meio vazio?

Imagine Madre Teresa de Calcutá diante do imenso desafio de atender a uma multidão de pobres e doentes. Se seu olhar fosse para o copo meio vazio, ela jamais teria conseguido fazer nada, afinal há tanto por fazer que o que se faz parece inócuo em face do tamanho do problema. Contudo, para cada indivíduo atendido pelo empenho que era fruto de seu amor e profunda esperança, isso significou 100% de transformação pessoal, de cura, de cuidado.

> Repercutimos realidades com a realidade que escolhemos viver.

Cada indivíduo é um mundo inteiro. Repercutimos realidades com a realidade que escolhemos viver. Cada escolha gera uma atitude, uma ação, um resultado, outro mundo. O foco define a sorte. É tempo de repercutir cada vez mais o bem e o bom para fazer despertar e acordar o coração do planeta.

Toda sorte é fruto de estar na hora certa, no lugar certo; é assim que nos tornamos a pessoa certa para recebê-la. É preciso, portanto, mover-se para ocupar tal espaço. Sempre é tempo de começar a caminhada. E a primeira coisa a

FLUINDO COM A VIDA

perceber é que uma jornada é o espaço compreendido entre o lugar em que começamos e o destino aonde chegamos. A jornada por si mesma não diz nada, não aponta caminhos, não interfere nos rumos, não caracteriza nenhum tipo de atitude nem define qualquer resultado.

Quem faz tudo isso é o caminhante. Dor ou amor, esperança ou melancolia são formas de caminhar. Cada passada é a definição de todo o rumo e vai modificando a própria estrada. Os cenários do caminho são influenciados pelo olhar do caminhante, que por sua vez é orientado pelos passos dados.

Um olhar que é guiado pelos pés e não o contrário, como acreditamos. É na experimentação do caminho que moldamos o olhar. Esteja atento à sua forma de caminhar, pois é isso que vai ficar de toda jornada cumprida.

Onde alguns veem obstáculos, outros percebem pontos elevados de observação. Um caminho torto, cheio de desvios, com longas curvas e voltas sem fim, pode ser experimentado como uma grande aventura por novos cenários.

Nada está errado, tudo o que se apresenta no caminho é o certo. O caminhante é que pode resistir ao caminho por suas próprias expectativas de viagem. Nenhum dos buracos da estrada é casual,

> Onde alguns veem obstáculos, outros percebem pontos elevados de observação.

O FOCO DEFINE A SORTE

nenhuma pedra está fora do lugar e nenhum campo floresce em vão. Tudo é exatamente como deve ser.

Quem atribui valor ou julga o erro é a consciência daquele que percorre o caminho. Nenhuma de nossas escolhas ficará impune, pois tudo vai agregar experiência e expandir a consciência que passa a observar sabiamente. É assim que se alcança a maturidade.

Vivenciar o processo da maturidade exige caminhar, seja qual for a estrada que se apresenta à nossa frente. Em vez de reclamar da estrada, deveríamos explorar seus atributos, conhecer suas atrações e experimentar seus segredos.

> O caminho é o campo decisório da vida.

Não importa quantos estejam trilhando a mesma estrada, pois cada caminhante vai experimentá-la de uma forma particular, que faz de cada estrada percorrida algo único, inédito e incomunicável. Claro, é possível contar como foi a jornada, mas não será possível comunicar a experiência interior que o caminho provê, pois isso é inominável, intraduzível, e só pode ser percebido pelos sentidos mais sutis que se apresentam a cada vivência.

O caminho é o campo decisório da vida. Por vezes olhamos a estrada em dúvida, sem saber para que direção ir, desconhecendo a que destino queremos chegar. É nesses momentos que precisamos voltar nosso olhar para a direção interior. Caminhar em dúvida é ir sempre na direção contrária, pois só há uma direção possível na dúvida, que é seguir em direção a si mesmo.

Ao reconhecermos os anseios de nossa alma, a trilha se abre, o caminho se ilumina. Mas, talvez, ainda não estejamos seguros. Pode não haver mais dúvida, porém a incerteza pode estar presente. A diferença entre dúvida e incerteza é que na primeira situação não sabemos o que fazer e na segunda sabemos, contudo não estamos convictos de qual é a forma certa de fazê-lo.

> A diferença entre dúvida e incerteza é que na primeira situação não sabemos o que fazer e na segunda sabemos.

A incerteza precede toda experiência completamente nova. Portanto, a incerteza é um sintoma da mudança de rumos que a estrada está tomando, e isso é sempre um progresso. Como nada está errado no caminho, o caminhante só pode estar incerto de seus próprios passos. Com que andar trilhar o caminho? Pode ser um andar cuidadoso, arrojado, lépido, pesado, temeroso, destemido – há mil formas de caminhar e para cada escolha de passada é criado um caminho.

Percorremos a estrada que criamos com nossas escolhas e ela será sempre certa. Porém, se almejamos percorrer a estrada mais próspera, mais enriquecedora e mais

O FOCO DEFINE A SORTE

> Reconhecer que o caminho em que nos encontramos é o certo nos mobiliza a caminhar com confiança.

feliz, é preciso ter foco nisso, ir por trilhas inexploradas, mudar os passos para alterar a estrada. Afinal, se na estrada que temos percorrido não está tudo o que almejamos, se não mudarmos de estrada, vamos continuar vivenciando a mesma experiência de caminho.

À medida que experimentamos as novidades da estrada, acrescentamos trilhas, cenários e vivências sem perder nada do caminho já percorrido. Pode haver desvios, mas não há retrocessos. Podemos até caminhar em círculos, para aprender a enxergar o que ainda não vimos, mas não será nunca a mesma estrada, pois o caminhante se transforma a cada passo e cria o caminho a cada passada.

E é a partir dessa jornada venturosamente nova que o caminhante vai ganhando o desfrute da certeza. Reconhecer que o caminho em que nos encontramos é o certo e que foi feito para e por nós mesmos é o estado da certeza que nos mobiliza a caminhar com maior confiança e a escolher o caminho, pois definimos conscientemente como caminhar.

Quando é que a certeza se transforma em certeza absoluta? Qual a diferença entre esses dois estados de convicção? Certeza é acreditar no caminho, é dar-se conta de que tudo é o certo. O absoluto é o estado que vem depois de percorrer determinado trecho da estrada. É absoluto porque já está integrado ao ser que caminha. É o momento em que caminho e caminhante tornam-se um só. Não há separação e os véus ilusórios se dissolvem. Desse ponto em diante não é mais uma questão de escolher a estrada, mas de definir em que mundo vamos colocar nossos caminhos.

Foco tem a ver com escolhas, com eleição de prioridades e de objetivos, de abrir mão do que não é o foco, de mover-se com rumo definido, mesmo que por caminhos indefinidos. É preciso certa dose de flexibilidade para seguir com foco. Em nossas escolhas há o que funciona e o que não funciona. Tem coisas de que gostamos e outras que detestamos, ou apenas suportamos. Tem todo tipo de experiência que faz a beleza da vida. A diversão só pode ser apreciada se conhecemos o aborrecimento.

O dia só existe porque há o contraste da noite e assim por diante – como se pode concluir, a vida é rica em opostos, complementações, diversidade, variedade. Tudo está contido e tudo é possível.

Portanto, precisamos ter certa tolerância com o que não gostamos, pois aí está a chave para chegar ao que gostamos. Você não saberá qual é a sua comida preferida se

> Foco tem a ver com escolhas, com eleição de prioridades e de objetivos.

não provar muitas, caso contrário poderá escolher uma opção menos interessante.

Também com livros, filmes, experiências, pessoas. É preciso conhecer, conviver, compartilhar experiências para saber quem realmente faz parte de nosso privilegiado grupo de melhores amigos. E a rotina que vivemos também é fruto do leque de possibilidades que abrimos.

Se não enriquecermos nossa agenda, ficaremos limitados ao conhecido e, por vezes, aborrecido, cotidiano. É pela variedade, diversidade, repetindo o mantra da mudança, que chegaremos a novas possibilidades de mundo. É preciso ir além das fronteiras já determinadas e descobrir novos horizontes.

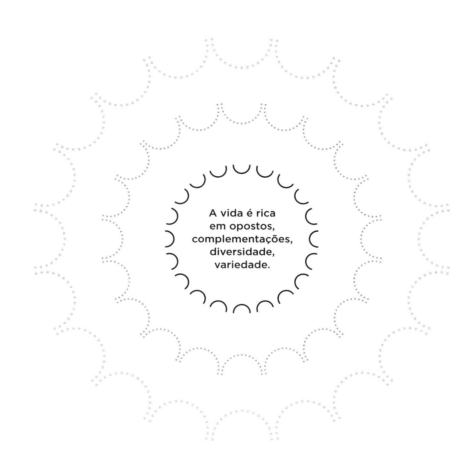

DESISTIR PARA SEGUIR EM FRENTE

DESISTIR PARA SEGUIR EM FRENTE

TER FOCO NÃO É SE TORNAR MONÓTONO, um samba de uma nota só. Ao contrário, é ser mais diverso, mais criativo, mais curioso, um buscador por excelência. É preciso acolher e viver o novo, ao menos de vez em quando. E, especialmente, é preciso ser capaz de abrir mão do que não se quer para chegar ao que se quer. Por vezes, o melhor que podemos fazer por nós mesmos é, simplesmente, parar. Deixar de levar e deixar-se levar. Desistir não quer dizer fracassar, pode ser o reconhecimento de que algo apenas deixou de ter sentido.

> Desistir não quer dizer fracassar, pode ser o reconhecimento de que algo apenas deixou de ter sentido.

Mudar de curso, como um rio, para continuar em direção à união com o vasto mar. Tornar-se maior depende de ser capaz de fluir pela vida, sem se estagnar em certos modelos, rotinas, compromissos ultrapassados, deveres impostos. Há uma missão maior: alcançar a si mesmo, realizar-se.

Para isso é preciso autoconhecimento, percepção plena, coragem para empreender mudanças, desapego para largar o que não é e, principalmente, clareza de valores, para não perder o rumo. Em algum lugar está o grande mar da consciência pura, contudo é fundamental seguir em sua busca com fluidez, flexibilidade e tolerância.

Há coisas para começar, finalmente. Aquilo que está em nossa caixa de sonhos, nas gavetas de nossas pendências, no calendário de nosso futuro. Que se comece o que há para começar. E para isso precisamos ir ao antes do começo, abrir espaço, respirar fundo, largar de mão, parar o que não deve continuar, mudar. Que hábito não queremos mais, que imagem queremos transformar, que relacionamento almejamos ter, que empreendimento sonhamos realizar, que viagem queremos fazer – tudo é possível desde que sejamos capazes de escolher.

Não há tempo, nem recurso, nem capacidade, nem nada que possa nos impedir de atingir quem queremos ser, pois, como nos ensina Goethe, se você é capaz de sonhar, é porque já é capaz de realizar.

E antes do início é o fim. Parar com aquilo que não é mais. Temos mania de acreditar que a vida é o que estamos fazendo. Não, o que estamos fazendo se transforma na vida que levamos. Se mudarmos o que fazemos, a vida, que é uma massa modelável de tempo e energia, também se modifica.

> Se mudarmos o que fazemos, a vida, que é uma massa modelável de tempo e energia, também se modifica.

Aprenda a parar seja o que for que não serve mais. Pare agora mesmo. Recomece de outra forma. Experimente fazer, viver, construir, planejar, realizar, se relacionar, ou o que seja, de outra forma. E não fique espantado se as coisas ao redor também se modificarem.

DESISTIR PARA SEGUIR EM FRENTE

Imagine tudo como um grande Lego. Toda vez que mexemos as peças, transformamos um caminhão em um edifício, depois em um operário, depois em um avião, e por aí vai. Ao mexer uma peça, todo o conjunto se modifica.

Se não dá para começar imediatamente, ao menos pare. Essa mudança pode ser a mais significativa, tudo que é preciso para continuar no caminho rumo ao mar.

E, se, para parar, a tolerância nos é solicitada, a flexibilidade exigida e a coragem acionada, então é preciso pensar por onde começar a pôr fim no que não é mais. Não precisa ser nada grandioso, mas tem de ser significativo.

> Não tenha certezas, abra mão de todas elas e assim, no espaço da dúvida, novas respostas poderão surgir.

Que tal começar parando com a certeza? Não tenha certezas, abra mão de todas elas e assim, no espaço da dúvida, novas respostas poderão surgir... ou não, como diria o mestre zen. O fundamental é manter o foco no essencial, naquilo que dá sentido e tem significado. Se for preciso parar, desistir, mudar seja lá o que for necessário para manter o foco, faça-o. Porém, mantenha a confiança em si e na capacidade de alcançar o foco. Do contrário, o ceticismo será o seu guia, e cético é aquele que não acredita, é um descrente em determinado assunto ou situação. E o exercício do ceticismo é também uma enorme ausência de fé (seja na

O FOCO DEFINE A SORTE

> **O ceticismo é uma das fontes da imobilidade.**

transcendência, na vida ou na oportunidade) e de esperança. É a não condição, a imobilidade ou, ainda pior, um profundo cinismo diante das novas ideias e propostas. É não fazer e não apoiar quem faz.

O ceticismo é uma das fontes da imobilidade, da desesperança, da ausência de confiança e do consequente vazio de ação. O cético, além de matar as condições internas para a criação de seus sonhos, ainda faz campanha para desestimular e diminuir a confiança nos sonhos de outros. É o verdadeiro "estraga-prazeres", que sempre tem uma palavra amarga para diminuir o fervor e o ânimo das pessoas em planos e sonhos.

Fazer ponderações, aconselhar cautela, apontar questões que o entusiasmo exacerbado deixam de fora é papel do amigo, do mentor, do chefe, do líder, do companheiro afetivo, enfim, daqueles que compartilham o caminho conosco. Contudo, ninguém tem o direito de pisar nos nossos sonhos, de demolir nossas convicções, de derrubar nosso entusiasmo. Nem nós temos o direito de fazer isso, seja com nós mesmos, seja com outros.

Não importa se o que você deseja ninguém fez ou poucos conseguiram. Isso não significa que é impossível, somente que ainda não foi tentado ou o foi por poucos. Tudo o que foi construído pelo ser humano nasceu de um sonho, um conceito abstrato. Isso não é sinal de impossibilidade, apenas de inexistência. E isso pode ser mudado com a aplicação de energia (empenho, esforço, inteligência) em função de um propósito, de um foco.

É preciso recuperar a visão mágica de mundo que tínhamos na infância, em que éramos capazes de fazer ou de viver qualquer coisa. O treinamento social que recebemos na família, na comunidade e na escola é, muitas vezes, voltado para o desenvolvimento de um ceticismo institucional. Tudo o que não está incorporado aos nossos hábitos e rotinas passa a ser difícil, complicado, trabalhoso, inacessível ou, até mesmo, impossível.

Manter a objetividade mental é fundamental para o progresso contínuo, seja para evitar arroubos de impetuosidade que não levam a lugar nenhum, seja para evitar o extremo oposto da cautela excessiva, o ceticismo diante do novo, do diferente ou do transformador.

Em tempos remotos, povos ancestrais acreditavam em questões que transcendiam o visível e o material. Nossa cientificidade baniu essas crenças como absolutas besteiras supersticiosas, porém vivemos um mundo que também é fruto dessas visões. A busca de muitas das certezas

> O treinamento social que recebemos é, muitas vezes, voltado para o desenvolvimento de um ceticismo institucional.

O FOCO DEFINE A SORTE

científicas que conhecemos hoje foi inspirada em verdadeiras fantasias de mentes criativas. A filosofia, fonte de todas as ciências, a física, a química, a matemática, enfim, o conjunto de saberes que compõem a nossa visão de mundo moderno nasceu de processos intuitivos, metafísicos, oníricos e transcendentes.

Deixamos de acreditar em milagres e eles pararam de ocorrer. Deixamos de acreditar em grandes movimentos de mudança e passamos a viver em um mundo cada vez mais oprimido pelo medo, pela insegurança e pela massificação da comunicação editada por interesses. Precisamos recuperar a fé de que outro mundo é possível.

Precisamos recuperar a fé de que outro mundo é possível.

Ecos de uma magia ancestral chegam até nós. Todos já realizamos pequenos milagres pela força de nossa fé. Já evitamos a chuva no dia da festa de tanto torcer por isso. Já localizamos coisas para sempre perdidas. Já encontramos "casualmente" pessoas muito queridas que não víamos há anos, com o poder de nossa memória.

É quase como materializar os desejos, ou talvez seja exatamente isso. Contudo, é preciso ser crente e não cético para realizar essas façanhas, que correspondem, com exatidão, às nossas projeções mentais. Será simples coincidência? O cético dirá que não passa disso, porém não

DESISTIR PARA SEGUIR EM FRENTE

importa. Se a crença funciona para que as coincidências se deem, então vamos crer. Ou como na velha história do professor cético que coloca uma mandinga na porta de entrada de sua casa justificando que funciona até mesmo para quem não acredita.

A tarefa essencial é transformar o sonho em foco.

Acredite. Assim como não existem ateus em um avião em pane, pois todos pedem a misericórdia divina, a fé e a esperança de que venha o que vier daremos um jeito também insistem em viver em meio ao ceticismo absoluto de nossas cidades. Por via das dúvidas, é bom cuidar de ir em frente mesmo que todo o mundo diga que não vai dar. Porque não tem jeito melhor de viver senão fazendo com que tudo seja sempre de acordo com os nossos sonhos.

A tarefa essencial é transformar o sonho em foco. Do contrário, poderemos viver a alienação, que é a ausência de si mesmo. É não estar consciente do momento, da relação, da circunstância ou do fato. Alienar-se é fugir para um mundo ilusório, é fingir que não sabe e não viu, é pensar em outra coisa enquanto se está no aqui e no agora.

Somos todos, vez por outra, alienados. Alienação é alhear-se do conflito por não querer sofrer, e sofrer mais

O FOCO DEFINE A SORTE

Alienar é também enlouquecer, desvairar-se; é o oposto da lucidez.

por não viver o todo que se apresenta a cada instante. É tapar os ouvidos com as mãos para não ouvir as tristes notícias, como se assim elas deixassem de existir. É fechar os olhos para ver se dessa forma se apaga a realidade. É não querer sentir por sentir com mais intensidade. Alienar-se é matar um pouco de si para deixar de viver o que não se deseja.

Alienar é também enlouquecer, desvairar-se; é o oposto da lucidez. É também apartar, separar, desviar, que é o oposto de aproximar. E ainda é ceder, transferir, perder, que é o oposto de manter. Pensando assim, por que será que escolhemos a alienação?

Em um estado de alienação não olhamos nos olhos porque o olhar atrai sempre para a profundidade, para a realidade, para a relação, é o exercício do lúcido, do próximo, do que mantém. Há um mundo escondido atrás de cada olhar. São sentimentos, pensamentos, vivências, memórias, medos, bravuras, certezas, dúvidas, enfim, uma miríade multifacetada que representa a experiência humana. Não é possível alienar-se na intensidade de um olhar.

No livro *Anam Cara* [*Amigo da alma*], John O'Donohue conta a história de um amigo jornalista que queria fazer

DESISTIR PARA SEGUIR EM FRENTE

uma entrevista com um velho chefe indígena da América do Sul. Para isso o jornalista teria de passar algum tempo com o chefe. Imaginando que fosse uma conversa para se conhecerem melhor, o jornalista concordou com essa condição, porém sua surpresa foi que o chefe ficou longo tempo fitando-o diretamente nos olhos. A princípio o jornalista sentiu incômodo, depois ficou aterrorizado pelos sentimentos despertados e, após algum tempo, resolveu aprofundar o próprio olhar. Essa mútua contemplação durou mais de duas horas e a entrevista foi desnecessária, pois ao final da experiência ele sentia que conhecia o velho cacique há muito tempo.

Aprofundar o olhar sobre o outro é mergulhar em si mesmo. Vencer as barreiras dos temores internos, superar a dificuldade de se ver, tornar-se presente de si mesmo, sem ausência, sem alienação. Alienar-se é poder ver, mas sem querer enxergar.

A alienação é um grau menor de consciência, ou uma consciência restrita, específica, discriminatória. Alienar-se é ir na direção oposta da iluminação, pois iluminar-se é fazer tudo o que já se faz, porém com um grau maior de consciência. Sempre que ampliamos nossa consciência de mundo, nos iluminamos. Iluminar-se, portanto, não

> Aprofundar o olhar sobre o outro é mergulhar em si mesmo.

O FOCO DEFINE A SORTE

é um salto para a santidade, mas um caminhar diário sobre os horizontes da própria consciência.

O olhar interno e externo é um grande aliado da consciência, pois permite captar a realidade e refletir sobre o que se pensa ver. É também o olhar metafórico que dá o senso da existência, da relevância. Nossa visibilidade social depende que as pessoas reconheçam nossa existência e importância no grupo, na tribo, na comunidade. O olhar intenso pode despertar alguém, atrair a atenção de pessoas desconhecidas, ou ainda abrir diálogos antes mesmo da pronúncia das palavras.

Olhar é o oposto de alhear. Olhar é estar e não alienar. A palavra "respeito", vem do latim *respicere*, que quer dizer "olhar de novo ou atentamente", "fitar". Respeito vem de um olhar aprofundado sobre o outro, suas aspirações, seus temores, seus desejos. É reconhecer esse universo que está frente a frente conosco.

Respeitar é ter consciência de que a vida humana está abrigada em um corpo, que é visível, mas transporta mundos interiores, experiências e lembranças. É um universo oculto em movimento que, quando se aproxima de nós, se estende à nossa frente e merece um olhar mais aprofundado, uma atenção que deriva da sabedoria de que

> **O olhar intenso pode despertar alguém ou atrair a atenção de pessoas desconhecidas.**

cada encontro é um milagre cósmico, uma chance em seis bilhões.

Alienar-se é não compreender o milagre e não acatar o mistério da vida. É colocar sombra sobre toda a luz e fechar os olhos para lacrar os sentidos. É ausência, é adeus e, mais que tudo, é a solidão de quem não sabe, não vive e não saboreia a enorme oportunidade de ser pleno.

> Alienação é o oposto do foco e gera toda a gama de dificuldades que se avolumam por falta de atenção.

Alienação é o oposto do foco e gera toda a gama de dificuldades que se avolumam por falta de atenção.

Se estamos concentrados em perseguir um propósito, certamente temos menos condições de nos perder em outros objetivos. Contudo, é fundamental não estar na esteira da inconsciência alienante e nos manter focados no que não tem valor. É interessante como podemos continuar sofrendo com o que não é mais. Aliás, a dor por vezes é inevitável, porém o sofrimento é sempre opcional. É a forma como resolvemos lidar com determinado fato, transformando nossa realidade nessa resposta.

Sofrer ou mudar, essas são as opções sempre presentes a cada desafio doloroso da vida. Fatos de nosso passado jamais serão modificados; contudo, é perfeitamente possível alterar nossa visão sobre eles.

O FOCO DEFINE A SORTE

A vida passa rápido demais para perdermos valioso tempo com o que não pode ser alterado. Quando não perdoamos, ficamos para sempre presos no momento passado e, a cada vez que lembramos, sofremos novamente. É como estar preso em uma armadilha que nós mesmos criamos. É preciso encontrar uma forma de perdoar para seguir em frente, sair da estagnação e ganhar espaços internos para ver mais e melhor.

O perdão é a forma mais sublime de liberdade. A ideia mais interessante que já li sobre a vingança é que guardar mágoa de alguém é como tomar veneno esperando que o outro morra. Isso não ajudará ninguém a refazer a vida, mas pode prejudicar muito.

> O perdão é a forma mais sublime de liberdade.

Imagine o desejo de vingança como uma grande montanha que você coloca em seu caminho e, por isso, não consegue seguir em frente. Se acrescentarmos a raiva, a mágoa, o ódio ou o ressentimento, teremos mordaças e correntes que prendem e machucam. Memórias tristes doem, mas a vingança é um profundo mergulho no sofrimento, em que um fato pode ser reproduzido mil vezes em nossa mente, repetindo sem parar uma dor, como um disco arranhado que não sai do lugar.

DESISTIR PARA SEGUIR EM FRENTE

O exercício do perdão é uma estratégia que adotamos para nos liberar da armadilha de uma memória, um sentimento e um pensamento infinitamente dolorosos. O perdão não é para o outro que, algumas vezes, nem existe mais. O perdão é para nós mesmos, para nosso usufruto, nossa vida, nossas escolhas. É tirar a mordaça que não deixa o grito sair e desvelar um mundo novo, que as vendas aplicadas sobre nossos olhos angustiados não permitem revelar.

Vingança não é construtiva, é sempre destrutiva, porém o verbo "vingar" significa muito mais do que "fazer vingança". Vingar também é fazer dar certo, fazer frutificar, prosperar. Um projeto que vinga é um projeto que funciona, uma criança que vinga é uma vida que flui, uma ideia que vinga é a que faz o mundo girar. Fazer nossa vida vingar é outra forma de ir à desforra, muito mais feliz.

> O exercício do perdão é uma estratégia que adotamos para nos liberar da armadilha de uma memória.

Talvez possamos trocar a vingança pela condição de fazer nossa vida vingar. Fazer dar certo, viver em prosperidade e abundância, amar e ser amado, ter amigos e ideias, respeito, viajar, conhecer, mudar, crescer. Quer vingança maior contra aqueles que nos ofenderam do que sermos profunda e totalmente felizes?

O FOCO DEFINE A SORTE

      Essa é uma fórmula para elaborar focos mais saudáveis porque a qualidade do foco é tão importante quanto sua clareza e precisão. Ter o foco voltado para o sofrimento só causa um transtorno maior por dentro e por fora. É preciso limpar a lente do foco e torná-la cristalina, sem máculas.

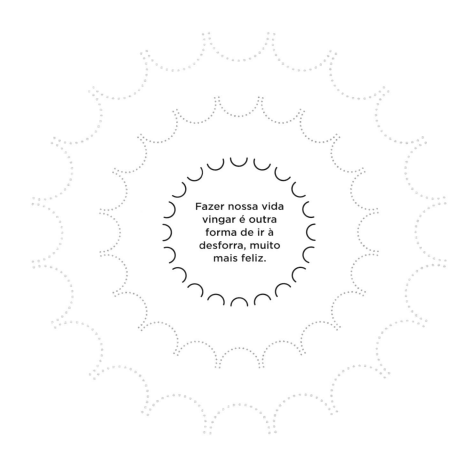

Fazer nossa vida vingar é outra forma de ir à desforra, muito mais feliz.

A ESSÊNCIA DA MUDANÇA

A ESSÊNCIA DA MUDANÇA

QUE A MUDANÇA É A ÚNICA coisa permanente, todos já sabemos bem. Também sabemos que não dá para controlar a mudança, gerenciá-la, conduzi-la, manipulá-la, defini-la ou tentar outras formas de tomar posse do processo da vida. Tudo flui e a realidade vai se descortinando em novos cenários que nem sonhávamos em encontrar.

Não dá para antecipar o que desconhecemos. As circunstâncias se apresentam de um jeito tão inédito, inesperado e singular que a nossa imaginação, por mais prodigiosa que seja, é incapaz de predizer. Mesmo sabendo de tudo isso, temos a tendência a desejar, às vezes até ardentemente, que "determinada coisa" aconteça, ainda que seja uma opção no limite de nossa ignorância.

> Tudo flui e a realidade vai se descortinando em novos cenários que nem sonhávamos em encontrar.

Desejamos aquilo que conhecemos, que é superlimitado, porém julgamos que o que queremos é o melhor dos mundos. Quando o que almejamos não acontece, tendemos a considerar o que de fato ocorreu como um erro, algo que não foi desejado, esperado nem antecipado e, portanto, incorreto. De onde tiramos essa ideia?

Diante de um evento da vida que julgamos inadequado, costumamos pedir ardentemente que as circunstâncias mudem. Queremos que aquilo acabe, que não seja

O FOCO DEFINE A SORTE

> Oramos a um Ser Superior, imaginando que, ao pedirmos, seremos ouvidos e atendidos em nossos desejos.

mais daquela forma, que o que desejamos aconteça logo para nos tirar daquela dor, angústia ou ansiedade. Essa é a forma de expressar nosso desejo de controle. Oramos a um Ser Superior, uma entidade sutil, etérea, enfim, algo ou alguém que não é "deste mundo", imaginando que, ao pedirmos ou protestarmos, poderemos ser ouvidos e atendidos em nossos desejos. Uma espécie de SAC cósmico.

E algumas vezes funciona, pedimos e somos atendidos. Blasfemamos, vociferamos, ameaçamos, brigamos e somos ouvidos. Será a veemência? Será a justiça da causa pela qual lutamos? Será um dia bem-humorado do *ombudsman* universal? Ou será que os eventos já estavam destinados a seguir na direção de nossos desejos?

Outras vezes nossas aspirações não são atendidas. Será falta de mérito? Será que não colocamos a devida fé? Será que nos dirigimos ao departamento cósmico errado? Ou será que os eventos já estavam destinados a ser diferentes de nossos desejos?

Sabe Deus... com o perdão do trocadilho. Seja lá como funciona a teia complexa dos destinos entrelaçados, não parece muito razoável que o cosmo se reorganize em suas múltiplas dimensões para atender a um anseio individual.

A ESSÊNCIA DA MUDANÇA

Não seria muito mais razoável e conveniente que nós nos rearranjássemos em relação aos eventos?

Em vez de pedir que as circunstâncias e eventos mudem, deveríamos desejar ardentemente e trabalhar com afinco para nos transformarmos ante os eventos da vida e aceitarmos as coisas como elas são.

No imenso rio existencial há a corrente e a contracorrente, como em qualquer rio, aliás. Podemos não saber que rio é esse ou qual a direção mais adequada, porém somos capazes de perceber se estamos no fluxo ou contrafluxo dependendo de como lidamos com os acontecimentos. Nadar a favor não exige esforço, podemos simplesmente nos deixar levar. Já nadar contra a corrente requer um enorme gasto de energia para não sair do lugar.

Talvez essa seja uma boa pista para sabermos a quantas andamos, ou nadamos – para manter a analogia. Quem sabe é tempo de praticarmos um dos pedidos essenciais da oração do pai-nosso: "Que seja feita a Vossa vontade". Eu até arriscaria a sugerir que acrescentássemos um pedido extra: "Que sejamos capazes de aceitar a Vossa vontade".

> Nadar a favor não exige esforço, podemos simplesmente nos deixar levar.

Bem, talvez, e só talvez, não seja o caso de pedirmos, desejarmos ou sofrermos pelas mudanças que aspiramos, mas de mudarmos nossa perspectiva para lidar melhor com todas as mudanças, que, independentemente de nosso julgamento de certo ou errado, seguirão ocorrendo, e ajustar o nosso foco para enxergar melhor como seguir em meio do fluxo incessante de mudanças que a realidade produz.

Talvez seja o caso de mudarmos nossa perspectiva para lidar melhor com todas as mudanças.

Quando o que almejamos não acontece, tendemos a considerar o que de fato ocorreu como um erro.

REVISÕES

REVISÕES

VAMOS FAZER UMA EXPERIÊNCIA: em uma folha de papel prepare uma lista com todas as questões que lhe preocupam neste momento; depois uma lista das questões que lhe preocupam quanto ao futuro; e, por fim, uma lista das questões que já lhe preocuparam no passado.

> Reflita sobre as vantagens da existência, traga para a tela da memória o retrato das pessoas amadas.

Agora, com as listas em mãos, imagine que estamos vivendo vinte anos à frente deste momento e pense no que a tecnologia evoluiu para nos ajudar, no quanto você aprendeu sobre você mesmo e a vida e nas questões que deixaram de ter importância.

A partir disso, reflita sobre as vantagens da existência, rememore os bons momentos, traga para a tela da memória o retrato das pessoas amadas. Enfim, faça uma viagem emocional pelo melhor da vida. Volte à lista e veja se algumas das preocupações podem ser imediatamente descartadas.

Comece pelo passado, olhe o que não é mais, mas ainda ocupa uma parte de seu tempo e de suas emoções, observe por que essas experiências foram tão importantes e devem ainda permanecer com tal valor em sua vida. Não se preocupe em mudar, mas apenas em definir o espaço que essas memórias ocupam.

Pergunte-se por que você mantém essas questões pendentes e como fazer para superá-las. Há algo que pode ser

O FOCO DEFINE A SORTE

modificado, perdoado ou refeito? Faça o que for preciso. Não há nada a fazer? Então, agora é hora de começar a escolher. Não se trata do que queremos ou não lembrar, mas de como podemos lidar com isso. Reescreva o cenário, a situação, a relação, as circunstâncias. Repita isso mentalmente quantas vezes forem necessárias. É incrível o poder transformador do imaginário pessoal, tanto para o bem como para o mal.

Passe agora ao futuro. Observe suas preocupações sobre ele em uma perspectiva integral da vida. Quantas das preocupações do passado se tornaram realidade? Como você lidou com os problemas? O que você aprendeu ao longo da caminhada? A questão acerca do futuro não é prever ou se preparar para todos os problemas possíveis, mas se capacitar para lidar com o que não pode ser previsto. Saber que daremos conta, seja por meio de talentos, ideias, amigos, novas aprendizagens ou mudanças, é a forma de melhor lidarmos com algo tão nebuloso quanto o futuro.

> Já sabemos que a nossa preocupação não altera em nada a realidade.

Se ao menos a preocupação com o futuro eliminasse qualquer dos desafios, até que valeria a pena. Mas nós já sabemos que nossa preocupação não altera em nada a realidade, só pode torná-la muito mais difícil de ser vivenciada. É realmente o caso de aumentarmos nossa autoconfiança, por meio de educação, terapia e novas experiências mais conscientes, para colocar o futuro em seu devido lugar, ou seja, fora de nossas preocupações; afinal, o que não aconteceu ainda não pode ser definido, seja para o melhor, seja para o pior.

Finalmente, podemos seguir em direção ao agora. Observe suas listas, algumas preocupações devem ter se reduzido depois desse exercício, outras simplesmente evaporaram e deixaram de ter sentido. As que ficaram devem passar por mais um crivo. É possível fazer algo neste momento para eliminá-las? Se a resposta é positiva, faça! Se não é, revise o problema, reescreva a preocupação, compreenda como e por que ela está tomando conta de sua vida e faça um plano de ação para modificar sua percepção a respeito dessa realidade. Afinal, o que você não pode mudar você precisa aprender a integrar.

Isso é um exercício de reorganização mental, de ajuste do foco. Quando colocamos nossas preocupações no papel, damos uma folga à nossa mente e a liberamos para explorar outras possibilidades. Livres da pressão dos problemas e orientada para uma viagem interior na busca de soluções, do encantamento da vida e do melhor de nossa

> **É sempre possível uma nova tentativa, há ciclicamente um novo ano, um novo momento.**

história, é como se tirássemos um enorme peso e permitíssemos que a mente ficasse repleta de espaço criativo e frutífero.

Esse exercício é muito liberador e um "aquecimento" para a meditação. Meditar é se permitir repousar no vazio fértil em que nenhuma lembrança, nenhum pensamento ou nenhuma ideia deve permanecer, por melhores que sejam, pois refletem apenas um estado ocupado, ilusório, focado em outra coisa que não o aqui e o agora.

Deixe o pensamento ir e vir, sem julgar nem aprofundar. Permita-se uma posição de observador para descansar na calma daquele que não se ocupa de nada, apenas vivencia com atenção plena a realidade que passa. O sentimento é delicioso e a experiência ampliadora. Comece com poucos minutos diários e ganhe uma vida inteira.

É sempre possível uma nova tentativa, há ciclicamente um novo ano, um novo momento, tudo pode ser renovado. Precisamos tentar novamente aquilo que ainda não atingimos, mas continuamos desejando. Porém, é preciso compreender que tentar novamente não é fazer de novo o que já se fez, mas colocar uma mentalidade nova, outra ideia, um novo olhar, outro método, outra forma de fazer para conseguir um outro resultado.

REVISÕES

Tentar novamente não é repetir, é refazer o percurso. Mente nova é um jeito renovado de ver e viver determinado processo ou experiência. Só mudaremos realmente se fizermos as coisas de um jeito diferente. E fazer diferente depende de pensar diferente.

Como estão seus referenciais de mudança? Há quanto tempo você não convida gente "esquisita" para jantar na sua casa? Há quanto tempo você não frequenta lugares que considera "estranhos", ou faz um programa diferente do convencional? Enfim, há quanto tempo você está fazendo as mesmas coisas, encontrando pessoas que pensam como você e circulando em ambientes que só confirmam o seu padrão?

Não espanta que não sejamos tão criativos quanto gostaríamos. Criatividade depende de volume de experiências; não tem a ver com qualidade, mas com quantidade. É por isso que a *brainstorm* funciona. Vamos falando o que vem à mente e, como uma ideia leva a outra, chegamos a soluções inusitadas. Contudo, é preciso liberar a criatividade e fazer fluir o novo.

Ter uma mente sempre nova para olhar as coisas, liberar-se dos padrões já consolidados e tentar ver a vida de um novo ângulo. Por que não? O que não está

> Criatividade depende de volume de experiências; não tem a ver com qualidade, mas com quantidade.

O FOCO DEFINE A SORTE

funcionando tão bem? Talvez um hábito a ser renovado, um comportamento que precisa de polimento, relacionamentos que exigem uma nova forma de tratamento, enfim, todo o conjunto das pequenas partes que formam o dia a dia e podem ser redefinidas em um novo desenho.

A vida é sem dúvida um quebra-cabeça. O curioso, porém, é que esse quebra-cabeça pode ser montado de mil formas diferentes, formando uma miríade de imagens que vão ser sempre nossa própria imagem e semelhança, ou, pelo menos, a imagem e semelhança do momento que estamos vivendo.

> Dá para brincar com o grande quebra-cabeça da existência e formar imagens inéditas.

Dá para brincar com o grande quebra-cabeça da existência e formar imagens inéditas, curiosas, interessantes, divertidas, especialmente novas. A cada dia a vida se renova, e essa não é uma frase de efeito, mas algo que precisamos lembrar a cada amanhecer e reavaliar a cada pôr do sol.

Algumas pessoas levam a vida muito a sério, fazem críticas severas sobre o comportamento alheio, adoram apontar defeitos, dificuldades ou erros, porém não se dão conta de que a vida é muito mais que um conjunto de regras, está mais para um grande jogo, uma brincadeira cósmica, em que podemos bailar na dança da mudança.

REVISÕES

Gostar de mudar de ideia, ter outra ideia, fazer diferente. Há quem se orgulhe de nunca mudar de ideia. Que vantagem há nisso, se vamos morrer com um imenso potencial de ideias sobrando? O importante não é manter uma ideia fixa, mas ser capaz de implementar modelos novos a partir das que já existem.

Inspiração, criatividade, intuição, realização, tudo isso depende da forma como pensamos, do modelo mental que temos, do jeito que vemos a vida. Mudar é ver diferente, tentar de outro jeito, fazer outra coisa. Precisamos mudar para sermos capazes de continuar perseguindo nossos sonhos. A realidade é uma ilusão, pois ela é tão mutável quanto tudo o mais. Se tudo é transitório, o real é só nossa impressão de determinado momento e pode ser modificado dependendo da mudança de nossa percepção.

> Mudar é ver diferente, tentar de outro jeito, fazer outra coisa.

Em um movimento constante, o que pode nos manter no rumo é a inspiração maior, o alvo claro, os princípios que nos conduzem, as lições aprendidas, ganhar a clareza e a limpidez do foco. Os relacionamentos construídos são as pontes que forjamos para a plena realização, e uma firme intenção é uma bússola preciosa a nos guiar em meio à transitoriedade.

O FOCO DEFINE A SORTE

Não podemos desistir de nossos alvos. A intenção pode mudar o mundo, portanto estejamos repletos de uma intenção que nos inspire a ser melhores e ser capazes de seguir avançando no emaranhado dos desafios. Errando, acertando, desfrutando ou, por vezes, desgostando, o que importa é que somos capazes de recomeçar tudo novamente, quantas vezes forem necessárias para seguirmos focados em nossos sonhos.

O que pode nos manter no rumo é a inspiração maior, o alvo claro, os princípios, as lições aprendidas.

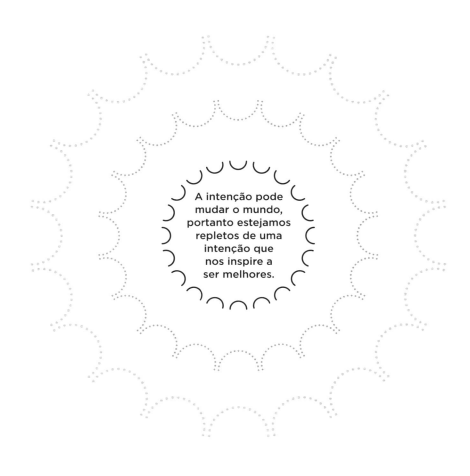

A intenção pode mudar o mundo, portanto estejamos repletos de uma intenção que nos inspire a ser melhores.

GRAÇAS E MÉRITOS

GRAÇAS E MÉRITOS

DE QUE É FEITA A VIDA? Que componente nos torna realmente vivos? Não é o corpo, pois há corpo sem vida. Não é a mente, pois há pessoas vivas sem atividade mental. Não são as emoções, pois os autistas estão vivos. Será o sopro da respiração? Isso realmente mantém o corpo vivo, mas pode ser substituído por aparelhos. O que será então?

> A vida é uma graça divina que não pode ser enquadrada em uma definição, sintetizada em uma lista de condições.

Serão nossos sonhos que nos permitem viver? Mas tem tantas pessoas sem alento, sem sonho nenhum, que caminham vivas pela Terra! A vida é tudo isso junto e mais além. A vida é uma graça divina que não pode ser enquadrada em uma definição, sintetizada em uma lista de condições. E a vida plena vai ainda mais além. Além de ter corpo saudável, mente perfeita, emoções em equilíbrio, sonhos e esperanças. A vida plena vai além do sopro. É uma conexão com o mais elevado, com o mais profundo, uma ligação com a própria fonte da vida.

Há uma fonte viva de onde emanam todas as coisas. Podemos nomeá-la como preferirmos, porém em muitos momentos percebemos a reverberação de suas ondas, a constância de sua presença, a luminosidade de sua condução. As graças que recebemos todos os dias estão ao nosso redor, percebamos ou não. O sol nasce, o planeta gira ao

O FOCO DEFINE A SORTE

redor de seu eixo, a planta cresce, o oxigênio alimenta-nos, a criança se desenvolve, a vida segue e essa é a Grande Graça.

Uma graça, como o próprio nome diz, é algo que vem gratuitamente, sem que precisemos nos esforçar ou fazer qualquer trabalho para recebê-la. As graças estão disponíveis, presentes da vida que se dá igualmente a todos, independentemente do mérito. Então, para que serve o mérito? Por que se empenhar em ser bom, generoso, altruísta, solidário, compassivo?

> As graças estão disponíveis, presentes da vida que se dá igualmente a todos, independentemente do mérito.

Porque, apesar de as graças já estarem totalmente disponíveis, é preciso ter mérito para reconhecê-las. Mérito é o exercício de expansão da consciência de mundo que fazemos para ver e perceber as graças que já nos foram dadas. Quem não desenvolve méritos não consegue enxergar as graças que a vida oferece e só vê *des*-graça.

Graça é estar vivo, ter uma nova chance de realizar-se todos os dias. Mérito é a condição de perceber isso e não desperdiçar essa chance. É tempo de aprender que a vida é uma dádiva e uma responsabilidade. Antigas tradições nos falam que poder e remédio são a mesma coisa. Todos viemos revelar uma medicina ao mundo, ser plenos, entregar à vida nossos dons e aí também encontrar a fonte de todo o

GRAÇAS E MÉRITOS

nosso poder. Ter as condições são as graças, compreendê-las e realizá-las depende dos méritos.

O exercício maior da vida, portanto, não é obter o sucesso profissional, atingir a realização financeira, constituir uma família feliz ou um patrimônio sólido. O maior exercício que podemos desenvolver é o da própria consciência. Só assim seremos capazes de ver que sucesso é a capacidade de aprender e seguir em crescimento, que realização é a satisfação com o que se alcança, que uma família feliz depende menos de um molde externo, de uma fórmula, e muito mais do afeto, da aceitação e do acolhimento das diferenças, e que o verdadeiro patrimônio é imaterial e tem a ver com o volume de experiências e lições realmente compreendidas que forjaram os resultados de vida.

As graças são o cenário em que estamos, seja ele qual for, pois tudo está de acordo com o fluxo mais correto. O mérito são as lentes que desenvolvemos para ver melhor o cenário e reconhecer as oportunidades que ele nos oferece. Apesar de as graças já estarem todas disponíveis, a vida de cada um não está definida, nem determinada, pois é no mérito que se faz a grande diferença da caminhada.

Abrir os olhos da percepção é a grande tarefa. Tudo já está dado e disponível, mas,

> O maior exercício que podemos desenvolver é o da própria consciência.

se não somos capazes de enxergar, como poderemos usufruir de tantas graças? O primeiro e mais importante passo já demos: nascemos. Agora é preciso fazer o parto da consciência, dar à luz uma nova forma de ver e viver. Não há cegueira maior do que aquela que nos impingimos pelo bloqueio da percepção.

Há um tempo para tudo na vida: para nascer, para crescer, para escolher, para fazer. É tempo agora de despertar. Abrir os olhos e, verdadeiramente, nos enxergar, perceber o que nos cabe realizar, transformar, refazer, abrir mão, conquistar. É tempo de Ser, e só podemos Ser experimentando a vida e desenvolvendo a própria consciência.

Agora é preciso fazer o parto da consciência, dar à luz uma nova forma de ver e viver.

Há um tempo para tudo na vida: para nascer, para crescer, para escolher, para fazer. É tempo agora de despertar.

PLANEJANDO PARA SEGUIR O FLUXO

PLANEJANDO PARA SEGUIR O FLUXO

O TEMPO DIÁRIO TEM uma energia de começo e fim de ciclo, de renovação, que não podemos desperdiçar. Ao final de cada dia há uma espécie de fechamento de contas e balanço do dia, um tempo para olhar o que fizemos e pensar no que desejamos fazer. É sempre tempo de avaliação e de planejamento.

Todos os dias são oportunidades em potencial para planejar e realizar mudanças; contudo, devemos nos colocar no espírito certo, de pensar sobre o que foi e o que queremos que seja, enfim, cada dia é um tempo propício para exercitar o maravilhoso poder de escolher o futuro que queremos viver.

Os dias se derramam sobre nós, com segundos, minutos e horas escorrendo pelo espaço de nossas vidas; se não bebermos dessa fonte incessante, poderemos perecer sedentos em meio ao banho precioso da vida. O ser humano foi dotado de uma capacidade que o diferencia de toda a criação. Essa capacidade é o livre-arbítrio, o dom de definir – o quê?, como?, quem? e quando? – e dessa forma criar caminhos novos em antigos territórios.

Sua vida lhe é muito conhecida. Você já sabe quais são seus desafios e talentos, dificuldades e oportunidades, dramas e conquistas, até aqui. Daqui para a

> Ao final de cada dia há uma espécie de fechamento de contas e balanço do dia.

O FOCO DEFINE A SORTE

frente depende muito das escolhas, que são resultado da percepção, do conhecimento, da experiência e da maturidade. Como já vimos, haverá erros, isso é ponto pacífico. Assim, relaxe e não pense no erro como algo indesejado, mas como parte do processo vital que é fruto de exercitar escolhas e vivenciar a realidade.

Tudo está em constante e fluido movimento. Como nos contava o filósofo grego Heráclito, "num mesmo rio você pisa e não pisa". A realidade é paradoxal. Nossa vida é a mesma, nós somos os mesmos, as pessoas e situações são conhecidas e, ao mesmo tempo, tudo é novo, tudo é diferente, tudo é desconhecido. Melhor ainda, tudo é possível.

Estamos escrevendo uma única e contínua história, mas podemos mudar os rumos, tirar e colocar personagens, criar situações e viver experiências totalmente diferentes do capítulo anterior. Um livro inteiro contando sempre a mesmíssima história não tem graça nenhuma. O que faz uma boa história são as viradas, as reviravoltas, o imponderável, o surpreendente, o novo.

Hoje é tempo de mudança de capítulo na história da vida. Que emoções serão registradas, que aventuras experimentadas, que

> Estamos escrevendo uma única e contínua história, mas podemos mudar os rumos, tirar e colocar personagens.

PLANEJANDO PARA SEGUIR O FLUXO

resultados consolidados? Planeje como será a história de seu dia, não o que vai acontecer – pois isso é da área da profecia, que não está ao nosso alcance –, mas o que você quer sentir e viver, independentemente dos acontecimentos. Não importa o que acontece, mas como você se sente diante disso.

No latim a palavra "acontecer" vem da mesma matriz de "conhecer" – *congescere/conoscere* –, o que de fato se manifesta como acontecimento em nossa vida é fruto do que conhecemos ou do que precisamos conhecer. Ou seja, ou já aprendemos e fazemos acontecer, ou acontecerão eventos para nos fazer aprender, *capice*?

> Todo dia fazemos a mudança de estação entre os trens da existência.

Assim, não perca a lição de ontem e coloque em prática um bom plano para aproveitar as lições e fazer valer mais o tempo e os talentos hoje, que é o momento ideal para isso. Um dia termina e outro recomeça e aí tudo pode acontecer. Novos horizontes, outra bagagem, outros destinos. É a contínua viagem da vida, mas com a imensa oportunidade de renovação, reavaliação e readequação.

Todo dia fazemos a mudança de estação entre os trens da existência e podemos seguir em direção ao mesmo rumo, vendo os cenários de sempre e experimentando as mesmas angústias e alegrias, ou pegar outro trem para lugares, experiências e situações desconhecidas, contudo é melhor um desconhecido novo do que um conhecido desagradável.

Nem tudo é para ser mudado, mas vai mudar mesmo assim. Só nos resta a leveza de nos entregarmos à emocionante tarefa de viver a mudança em sua mais profunda e significativa função, a renovação. Para o ajuste do foco só precisaremos transcender o estado de realidade em que nos encontramos.

Todos somos dotados de instintos e da capacidade de intuir. Porém, precisamos compreender o papel de cada uma dessas matrizes em nós. Todos os animais recebem instintos para garantir a segurança e preservar a vida. Há três fontes básicas que comandam nossos instintos: medo, raiva e carência.

> **Nem tudo é para ser mudado, mas vai mudar mesmo assim.**

Essas três emoções são fundamentais para garantir nossa sobrevivência. Graças ao medo, não nos colocamos em situações de risco que possam comprometer nossa integridade física e nossa vida. A raiva garante nossa capacidade de agir diante dos obstáculos; a carência faz o bebê chorar quando sente fome, frio, solidão ou desconforto, e alerta os adultos da necessidade de oferecer cuidado.

PLANEJANDO PARA SEGUIR O FLUXO

Assim, um indivíduo saudável deve apresentar essas emoções ao lidar com aspectos da vida, contudo o problema se instala quando elas passam a reger toda a vida e não apenas circunstâncias e condições específicas.

> O medo vai nos levar ao desejo de controlar a realidade.

Se gerimos a vida por meio do núcleo de nossos instintos, vamos dar determinadas e condicionadas respostas a todos os desafios, sejam eles de que natureza forem. O medo vai nos levar ao desejo de controlar a realidade para que ela seja de acordo com nossa visão de como as coisas devem ser. Naturalmente esse controle é irrelevante, pois a realidade vai se apresentar como é e não como gostaríamos que fosse. Assim, vivemos a frustração como consequência, em que julgamos que determinada coisa, determinada pessoa ou determinado comportamento não poderiam ser como são. Mera ilusão.

A carência vai nos conduzir à necessidade de preservar, ao desejo de manter determinadas coisas, pessoas ou circunstâncias em nossa vida. Como tudo é impermanente – essa é a natureza essencial do mundo –, acabamos vivendo com um permanente senso de falta que precisamos preencher com alguém ou com algo, afetando nossa capacidade de autorresponsabilidade, pois criamos a fantasia

O FOCO DEFINE A SORTE

> A grande tarefa educacional é promover uma mudança na esfera da consciência.

de que outra pessoa, certa situação ou condição ou ainda determinado objeto é que nos trarão o senso de completude, a vivência da felicidade. Como já sabemos bem, isso não ocorre e vivemos em contínua busca desse "algo" que poderá nos completar.

A raiva vai nos condicionar a certas reações pré-programadas, tornando-nos reativos em face dos constantes e mutantes desafios da vida. Seja qual for a situação, lançamos mão do mesmo procedimento de sempre – atacar ou defender – orientados por uma emoção que nos faz agir dentro dessas condicionantes.

Tudo isso já nos é bem conhecido, pois usamos cotidianamente nossos instintos para gerenciar os processos da vida e alcançamos resultados indesejados como o estresse, que é fruto de nossa necessidade de controlar o incontrolável, dores físicas pela tensão produzida pelo senso de falta, pela necessidade de buscar continuamente, e o cansaço pela enorme energia que aplicamos para fazer o básico em função de nossa reatividade que utiliza respostas prontas e ineficazes para novos e inéditos desafios e oportunidades.

A grande tarefa educacional é promover uma mudança na esfera da consciência. Passar do instinto para

PLANEJANDO PARA SEGUIR O FLUXO

a intuição, que é a qualidade humana de ler o momento e criar a história a partir de cada contexto. O uso da intuição nos permite ver com novos olhos a cada instante do caminho. Nos abrirmos para a oportunidade e percebermos o que está oculto ou não tão aparente. O tempo todo a vida oferece sinais para trilharmos com maior vigor e entusiasmo, porém só a intuição nos permitirá vê-los.

Com o exercício intuitivo saímos dos instintos básicos e, em vez de preservar, vamos poder fluir com a experiência; em vez de controlar, confiar no fluxo e na capacidade de dar conta do que vier, à medida que ocorrer; e, o mais motivacional de tudo, em vez de sermos reativos, poderemos nos tornar criativos e inventar respostas ante novos desafios. Isso vai nos economizar enorme energia, liberar-nos do estresse e do cansaço, evitar uma série de frustrações e fazer da vida uma experiência muito mais divertida.

Gerir a partir da intuição em lugar do instinto é mudar a forma de viver. Isso exige um treino especial, a constante capacitação da consciência. É preciso educar-se, rever valores, crenças e conceitos, liberar certezas arraigadas, lidar com medos e superá-los, aprofundar o autoconhecimento e transcender a raiva básica que nos move,

> O tempo todo a vida oferece sinais para trilharmos com maior vigor e entusiasmo.

encontrar um novo olhar que nos liberte da prisão da carência. Talvez isso lhe pareça muito trabalhoso, mas a alternativa é uma vida limitada, dolorosa, estressante e cansativa. Pense a respeito de qual alternativa você prefere.

O uso da intuição nos permite ver com novos olhos a cada instante do caminho.

Gerir a partir da intuição em lugar do instinto é mudar a forma de viver. Isso exige um treino especial.

SUAS CRENÇAS DEFINEM SUAS ESCOLHAS,

SUAS ESCOLHAS SÃO SEU FOCO,

SEU FOCO DEFINE SUA SORTE

SUAS CRENÇAS DEFINEM SUAS ESCOLHAS, SUAS
ESCOLHAS SÃO SEU FOCO, SEU FOCO DEFINE SUA SORTE

PERCORREMOS ALGUMAS IDEIAS para refletir sobre o que significa foco e o consequente destino atrelado a ele. Estamos criando nossa sorte, nosso fado, a cada escolha, no foco para sobre o qual dirigimos nosso olhar.

Somos a base sobre a qual a vida opera e é desse material elementar que vão surgir todos os resultados. Basta ajustar o foco para que a sorte se modifique, porém esse ajuste de foco é que demanda grande empenho. Tenha clareza de que suas crenças é que determinam todo o conjunto de escolhas que fazemos e de que, portanto, precisamos de uma revisão contínua de crenças para que nossas escolhas se modifiquem.

A partir disso o foco será automático e a sorte consequência. Este livro é um convite à reflexão sobre o conjunto de crenças e valores que hoje orientam suas escolhas e definem seu foco. O desejo é que a melhor sorte sempre aconteça; contudo, nada será desvinculado das crenças em que baseamos nosso olhar.

Que você se transforme continuamente e melhore a cada instante. A sorte será mera consequência disso. Somos a causa básica de todos os eventos e resultados de nossa vida. Dessa forma podemos alterar tudo quando nos transformamos.

> O desejo é que a melhor sorte sempre aconteça.

Autorresponsabilidade é a virtude de ser capaz de fazer a partir de si, apesar das

O FOCO DEFINE A SORTE

> O ajuste fino de nossas lentes é a clareza perfeita do foco.

dificuldades, para além de todas as impossibilidades. Todas as fronteiras com as quais esbarramos são construções pessoais. É preciso assumir a liderança da própria jornada e cruzar as pontes que nos tiram dos problemas e nos conduzem às soluções. E aí vamos perceber que não havia nenhum abismo, eram só nossos medos que geravam a ilusão dos obstáculos.

O ajuste fino de nossas lentes é a clareza perfeita do foco. Quanto mais somos capazes de perceber, mais somos capazes de realizar. O foco é, portanto, uma estratégia de concretização. Onde há dificuldade, há cegueira e carência de percepção.

Ao ajustarmos o foco, vamos observar alternativas, caminhos e possibilidades que nos conduzem diretamente aos propósitos. Naturalmente, ainda nos cabe caminhar; contudo, quando enxergamos o destino, o caminho sempre se apresenta. Mesmo que a caminhada seja árdua, longa, cheia de percalços, ela nos levará para onde desejamos estar.

Esse espaço de conquista, essa terra de realizações é o destino a ser alcançado. Ao chegarmos lá, aspiramos o ar mais puro de nossos sonhos realizados, sentamos na grama macia de nossas experiências e nos deleitamos com as belas montanhas de nossas realizações. Nesse instante imensurável nos sentimos abençoados, agraciados pela imensa sorte de estar aqui, neste lugar especial, e agora, neste exato momento, e então sorrimos. Foi tudo uma questão de foco. Quando enxergamos o que buscamos, tudo o mais se revela.

Mesmo que a caminhada seja árdua, longa, cheia de percalços, ela nos levará para onde desejamos estar.

Conheça as nossas mídias

www.twitter.com/integrare_edit
www.integrareeditora.com.br/blog
www.facebook.com/integrare

www.integrareeditora.com.br